교회절기꽃꽂이

특집 : 예배와 설교

설교 · 이성희 목사
작품 · 허문정 회장

송백꽃예술꽃중앙회

목 차

발간사	5
추천사	7
추천사	9
축사	10
사람의 줄, 사랑의 줄	12
대림절 첫번째주일	13
하나님, 질문있습니다	14
대림절 두번째주일	15
은혜와 진리	16
대림절 세번째주일	17
미래지향적 교회	18
대림절 네번째주일	19
성탄이 주는 선물	20
성탄절	21
경배하러 왔노라	22
성탄절	23
마지막 시간의 품군	24
성탄절후 첫번째주일(송구영신 주일)	25
21세기를 준비하는 교회	26
신년주일	27
영을 새롭게 하소서	28
주님의 수세일	29
이 땅의 그루터기	30
주현절후 두번째주일	31
새 교회의 세가지 요소	32
주현절후 세번째주일	33
귀향길	34
주현절후 네번째주일	35
우리 자녀를 우리 교회로	36
주현절후 다섯번째주일	37
희년을 거룩하게 하라	38
주현절후 여섯번째주일	39
은혜와 사명	40
주현절후 일곱번째주일	41
부족한 것이 있더냐	42
주님의 산상변모일	43
무엇을 위한 변화인가	44
사순절 첫번째주일	45
마라의 쓴 물	46
사순절 두번째주일	47
네가 여기에 무슨 관계가 있느냐	48
사순절 세번째주일	49
유산을 남기지 맙시다	50
사순절 네번째주일	51
성찬의 삶	52
사순절 다섯번째주일(성찬식)	53
고난주간의 교회	54
종려주일, 수난주일	55
무덤에서 돌을 옮겨놓아라	56
부활주일	57
나의 눈물을 주의 병에	60
부활절 두번째주일	61
복음을 믿는 길	62
부활절 세번째주일	63
어린이를 부르시는 하나님	64
부활절 네번째주일	65
아비의 훈계를 들어라	66
부활절 다섯번째주일	67
관용을 알게 하라	68
부활절 여섯번째주일	69

목 차

한 부자의 어리석음 …… 70	마지막 심판 …… 100
부활절 일곱번째주일 …… 71	오순절후 열세번째주일 …… 101
성령을 좇아 행하라 …… 72	믿음의 조상이 되라 …… 102
성령강림주일 …… 73	오순절후 열네번째주일 …… 103
다락방을 채운 열기 …… 74	영혼을 더럽히지 않는 신앙생활 …… 104
성령강림주일 …… 75	오순절후 열다섯번째주일 …… 105
변화의 공동체 …… 76	우리가 이제는 살리라 …… 106
삼위일체주일 …… 77	오순절후 열여섯번째주일 …… 107
가데스바네아 아나로기아 …… 78	여호와께서 명하심과 같았더라 …… 108
오순절후 두번째주일 …… 79	오순절후 열일곱번째주일 …… 109
여호와의 구원의 삶 …… 80	여호와의 팔이여 깨소서 …… 110
오순절후 세번째주일 …… 81	오순절후 열여덟번째주일 …… 111
성찬의 삶을 삽시다 …… 82	여호와를 우러러 보며 …… 112
오순절후 네번째주일 …… 83	오순절후 열아홉번째주일 …… 113
의뢰하는 양식 …… 84	여호와를 기다리는 사람들 …… 114
오순절후 다섯번째주일 …… 85	오순절후 스무번째주일 …… 115
불의한 청지기의 지혜 …… 86	여호와를 하나님으로 삼는 백성 …… 116
오순절후 여섯번째주일 …… 87	오순절후 스물한번째주일 …… 117
좋은 청중 …… 88	영혼사냥 …… 118
오순절후 일곱번째주일 …… 89	오순절후 스물두번째주일 …… 119
내가 눈을 들리라 …… 90	기쁨으로 거두리로다 …… 120
오순절후 여덟번째주일 …… 91	오순절후 스물세번째주일 …… 121
바다위의 터 …… 92	여호와께 감사하라 …… 122
오순절후 아홉번째주일 …… 93	오순절후 스물네번째주일 …… 123
희년의 해의 광복 …… 94	마음가죽을 베라 …… 124
오순절후 열번째주일 …… 95	오순절후 스물다섯번째주일 …… 125
무화과 나무 아래서 …… 96	교회력 개관 …… 126
오순절후 열한번째주일 …… 97	작가 약력 …… 129
영생하는 샘물 …… 98	
오순절후 열두번째주일 …… 99	

소재 : 사탕수수(Indian millet)
　　　피마자유(Castor oil plant)
　　　해바라기(Sun plower)
　　　거베라(Gerbera daisy)
　　　소국(Chrysanthemum)
　　　연산홍(Rose bay azalea)

3번째 작품집을 발간하며

아름다움은 하나님의 선물입니다.
아름다움은 생명이 있고 사랑이 있습니다.
아름다움은 상대가 있어야 더욱 아름답고 추구하는 아름다운 가치를 위해 주어졌을때
더욱 아름답습니다.
3번째 교회 절기 꽃꽂이 책자를 이성희 목사님의 설교집과 함께 발간하게 되었음을
감사드립니다.
여러가지로 힘겨운 일들이 많았지만 매월 절기 꽃꽂이 강좌를 이끌어가고 묵묵히 작품을 시도할
용기가 있었던 것은 오직 하나님의 진리를 위한 것 때문이라고 생각합니다.
특히 교회 절기 꽃꽂이는 예배분위기를 위한 상호 관계가 있어야 하며 하나님 말씀 특유의
절기적 의미를 부여하여 시각 매체로서 전달 효과를 나타내는 것이 중요합니다.
또한 한정된 내부의 환경에서 공간의 질서를 형성하고 작품이 지니는 의미와 색채가 잘
융합되어야 합니다.
작품속에서 읽어내는 아름다운 시와 찬양의 소리, 슬픔과 환희, 구체적으로 체험할 수 있는
시각적 쾌감과 율동이 있는 그리고 질서와 조화를 실질적으로 음미할 수 있도록 작품의 의미를
지녀야 합니다.
손끝에 재주가 아니라 마음 저 깊은 곳, 심령에서 우러나오는 찬양의 표현이어야 합니다.
평화스러운 분위기, 자유스러움, 마음의 안식과 위로를 얻을 수 있는 부드러운 전달이 있어야
합니다.
이제 서구문명이 무섭게 치닫고 있는 국제화 시대에 우리 문화적 바탕을 더욱 인식하고,
외래문화의 수용을 포용하되 그것을 잘 소화시켜 새로운 문화로 창출하여 자문화(自文化)의
발전에 기여하는 슬기로운 자세가 절실하게 필요한 시기인것 같습니다.
꽃 문화 예술뿐만 아니라 21세기의 미래를 긍지있게 실현시키기 위해 각분야에서 더욱
자각정신을 확립해 자생성(自生性)을 위한 좋은 기회로 뿌리내리는 작업을 해야 하겠습니다.
여러가지로 예배분위기를 조화시키는데 중점을 두고 절기의 색깔과 말씀을 참고로 작품을
시도했으나 한정된 공간에서 작품을 연출해야 하는 아쉬움이 많이 있었습니다.
계속 연구할 수 있도록 격려해 주시고 기도해 주시기 바랍니다.

1996. 10. ○○

송백꽃예술중앙회
회장 허 문 정

믿음
Faith

소재 : 설유화(Thubergs spirea)
  점쉬땅나무(False spirea)
  글라디올러스(Gladiolus)
  리시안서스(Prairie gentian)

추 천 사

꽃을 보면 하나님을 알 수 있습니다

나는 꽃을 좋아합니다. 꽃은 하나님께서 사람에게 주신 가장 아름다운 선물이기 때문입니다. 꽃은 하나님이 만드신 계절을 알리기도 하고, 열매를 맺히게 하는 서곡이기도 하고, 하나님의 마음을 전하는 사신이기도 합니다. 꽃을 보면 하나님을 알 수 있습니다. 꽃에는 없는 색깔이 없습니다. 하나님이 만드신 모든 색을 꽃에 담아 아름다움을 드러내게 하신 것입니다.

또 전통적으로 꽃은 어린이를 상징했습니다. 어른이 아닌 어린이를 상징한 것은 어린이가 가진 성품이 꽃과 같이 아름답기 때문일 것입니다. 어린이의 성품은 언제나 싱그러움이 있습니다. 그래서 어린이를 만나면 희망이 있고 순진한 얼굴에는 항상 꽃이 가지는 아름다움을 발견할 수 있게 되는 것입니다.

꽃은 인생을 말합니다. 첫 몽우리가 맺히면 꽃이 피기 시작하고 꽃은 활짝 펴서 서서히 지기 시작합니다. 꽃은 활짝 폈을 때보다 피기 직전의 모습이 가장 아름답다고 합니다. 마치 청년기에 가장 아름다움을 과시하는 인생과 마찬가지입니다. 그러나 인생이 그러하듯이 꽃도 시들기 때문에 아름답습니다. 꽃이 시들기 때문에 시들기 전의 꽃이 귀한 것처럼 인생도 늙기 전의 활기찬 인생이 귀한 것입니다. 서양의 말에는 "꽃은 져서 열매를 맺는다(A flower develops into fruit)"라는 말이 있습니다. 우리 인생도 지지만 열매를 맺습니다. 우리의 자녀를 이 땅에 남기고, 우리의 이름을 남기고, 온갖 업적을 남기고 떠나는 것입니다.

나는 허문정 권사님의 꽃꽂이를 좋아합니다. 권사님의 꽃꽂이에는 정성이 있습니다. 모든 꽃꽂이가 그러하겠지만 권사님의 꽃꽂이는 아름답습니다. 정성을 다하기 때문에 꽃과 더불어 꽃꽂이가 아름다운 것입니다. 권사님의 꽃꽂이에는 예전이 있습니다. 그냥 꽃을 아름답게만 꽂아놓는 것이 아니라 교회의 예전에 따라 꽃꽂이를 하기 때문에 그것을 통하여 교회의 절기를 알 수 있습니다. 권사님의 꽃꽂이에는 신학이 있습니다. 성경과 신학을 연구하여 꽃꽂이를 하기 때문에 꽃꽂이를 보면 꽃 하나하나에 의미가 있고 전체적인 조화가 신학을 말합니다. 그러기 때문에 권사님의 꽃꽂이는 그 자체가 예배입니다.

금번 권사님께서 세 번째 꽃꽂이 작품집을 발간하게 되었습니다. 특히 이번 작품집은 부족한 사람의 설교를 함께 실어 예배의 설교와 꽃꽂이를 조화시키는 또 하나의 새로운 시도를 하고 있습니다. 예배의 설교도 예전적이어야 하지만 꽃꽂이도 예전적이어야 하기에 아름답게 조화될 줄로 압니다. 주일에 강단에서 선포되는 하나님의 말씀이 강단을 장식한 꽃꽂이와 어우러져 하나의 영광으로 드러난 것을 감사하게 생각합니다. 아울러 선포되었던 말씀들이 권사님의 꽃꽂이로 인하여 더 힘차게 전달되었음을 밝힙니다. 허문정 권사님의 세 번째 작품집 발간을 축하드리며 또한 추천합니다.

1996. 10. 10

연못골에서

이 성 희 목사

소망
Hope

소재 : 리시안서스(Prairie gentian)
　　　아스파라거스미리오 (Asparagus umbe lllatus)
　　　카스피아(Statice caspia)
　　　명자란(Polygonatum)

추 천 사

기쁨과 감사와 사랑의 나눔이기를…

교회의 강단을 아름다운 꽃으로 장식하는 일은 하나님께 대한 우리의 정성과 기쁨과 감사의 표식입니다. 그뿐 아니라 예배드리는 우리들끼리의 기쁨과 감사와 사랑의 나눔이기도 합니다. 지금까지 교회 강단 꽃꽂이를 위해 지성을 다해 헌신할 뿐 아니라 이 일의 중요성을 강조하고 많은 사람들에게 가르치고 있는 허문정 권사께서 이번에 다시 귀한 책을 출간하였습니다.

이 책이 우리 교계의 예배당 강단 장식에 올바른 길잡이가 되고 교회를 아름답게 하는 일에 크게 공헌하리라 믿습니다.

장로회신학대학교
총장 서 정 운

사랑
Love

소재 : 동백(Camellia)
오동(Paulownia)
나리(Tiger lily)
철쭉(Reyal azalea)
조화(Imition flower)

축 사

종교와 꽃예술을 결합시킨 아름다움

먼저 '절기 꽃꽂이 화집' 발간을 진심으로 축하합니다. 송백회 허 문정 회장은 꽃예술 작가로서, 꽃을 사랑하기 때문에 수십년간 꽃 속에 묻혀 창작활동을 해 오고 있는 작가입니다. 또한 나는 허문정 회장이 우리 숙명여자대학교 디자인대학원 플라워아트 & 디자인 최고지도자과정에 초대되면서부터 작가의 진면목을 알게 되었습니다. 특히 기독교 정신에 투철한 허문정 회장은 종교와 꽃예술을 교묘하게 결합시켜 새로운 경지를 개척한 작가로 알려져 있습니다. 예로부터 사람들은 자연을 사랑하고, 이에 순응하면서 그 속에서 아름다움을 찾으려는 노력을 해 왔습니다. 꽃은 꽃 그 자체의 아름다움과 아울러 모양, 색채, 향기 등에서 시각적, 후각적 즐거움은 물론 조화의 신비성을 갖고 있기도 하며, 종교적인 측면에서 인간에게 정신적인 위안과 안정을 가져다 주기도 합니다. 꽃은 봄, 여름, 가을, 겨울, 사계절에 따라 각기 다른 자태로 그 모습을 드러내며, 조선시대 문인들은 이를 소재로 우수한 작품을 남겼습니다. 송(松), 죽(竹), 매(梅)를 세한삼우(歲寒三友)라 하여 지조와 절개의 상징으로 여겼고, 매란국죽(梅蘭菊竹)을 군자의 덕에 비유하여 곡한 인품을 가진 선비로 상징화하였습니다. 이처럼 허문정 회장의 작품은 소재와 화기(花器), 환경과의 조화 속에서 꽃과 종교, 꽃과 예술이라는 주제를 갖고 꽃예술이 갖는 아름다움을 극대화한 창작활동을 하고 있습니다. 이번에 다양한 작품을 수록한 화집(花集)을 발간함으로써 후학들은 물론 신성과 결배의 장소인 교회에서의 꽃예술 발전에 기여할 수 있으리라 기대합니다. 다시 한번 '절기 꽃꽂이 화집' 발간을 축하드립니다.

1996년 10월

숙명여자대학교 디자인대학원장

김 성 수

12월 첫째 주

본문: 호 11:1-4, 롬 8:35-39

교독문: 42, 마 5장
찬 송: 43, 424

사람의 줄, 사랑의 줄

우리가 사는 세상에는 보이지 않지만 많은 줄들이 있다. 무선교신이나 전화등 수많은 줄들이 즐비하다. 비행기가 하늘을 날아가지만 지상과 계속 교신이 끊어지지 않고 계속된다. 최근에 목성에 도착한 갈릴레오 우주탐사선도 6년이나 걸려 목성에 도착했지만 계속 지상과 교신이 있었고 사진도 보내오고 있는 것이다. 하나님은 호세아를 통하여 하나님과 우리 사이를 사랑의 줄로 인도하고 계시다고 하셨다. 하나님은 이스라엘 백성이 마치 불륜의 아내같이 호세아를 멀리 떠나 있었지만 다시 데리고 와서 살게 하신 것이다. 하나님의 사랑의 줄은 저희를 이끄는 줄이었고 극진한 하나님의 사랑의 표현이었다.

1. 하나님은 사랑의 줄을 가지고 계신다.

하나님은 사랑의 줄을 가지고 우리를 이끄신다. 이 줄이 끊어지면 살 자가 없고 이 줄이 든든하면 죽을 자가 없다. 때로는 보이지 않지만 그 줄은 절대로 끊어지지 않는다. 때로는 느끼지 못하지만 그 줄은 있다. 우리에게 환난이 있으면 그 줄이 끊어진듯이 생각된다. 그러나 사랑의 줄은 어떤 어려움이나 위험에도 끊어지지 않는다. 심지어 죽음도 우리를 사랑의 줄에서 떼어놓을 수 없다. 아기들이 걸음마를 하면 부모들은 아이를 줄로 묶어서 멀리 못가게 한다. 귀찮은 속박의 줄 같지만 이것은 사랑의 줄이다. 스데반은 이 사랑의 줄을 알았기에 죽음 앞에서도 하나님을 보았고 그들을 위해 기도하였다.

2. 이 사랑의 줄은 목에서 멍에를 벗깁니다.

사랑의 줄로 이끄신 하나님은 그들의 목에서 멍에를 벗기는 자가 되십니다. 사랑의 줄은 더 이상 목의 멍에를 용납하지 않습니다. 멍에는 짐승이 일할 때에 필수적으로 쓰이는 도구이다. 짐승이 먹이를 먹을 때는 멍에를 느슨하게 풀어서 먹게 하는데 이스라엘에게도 이와같이 멍에를 벗기겠다고 하신다. 짐승에게 멍에는 무겁고 힘든 것이나 일하기 위해서는 필요한 것이다. 멍에는 일할 때에 짐승이 쓰는 것 뿐만 아니라 사제지간의 유대적 관계를 묘사할 때도 멍에라 한다. 그래서 주님은 "나의 멍에를 매고 내게 배우라"고 하신다. 예수님과 함께 멍에를 매면 세상에서의 죄의 멍에를 벗게 된다. 최근의 청소년들의 폭력은 그들 서로간의 멍에인데 이것을 벗기는 방법은 부모와 선생님의 사랑의 줄이다.

3. 사람의 줄은 사랑의 줄이다.

하나님은 사람의 줄 곧 사랑의 줄이라고 하셨다. 사람에게 주신 줄은 짐승의 줄과는 다른 것이다. 사람의 줄은 사랑의 줄이어야 한다. 하나님과 사람과의 사이 뿐만 아니라 사람과 사람 사이에도 줄은 사랑의 줄이어야 한다. 어떤 한 사람이 다른 사람을 지배하거나 억압해서는 안된다. 사람 사이의 줄은 사랑의 줄이어야 하며 속박의 줄이어서는 안된다. 팔찌나 귀거리등의 장신구는 원래 노예들이 주인의 소유임을 알리는 것이다. 사랑하는 사람의 소유가 된다는 것은 기쁜 일이다. 그래서 그러한 선물을 기쁘게 받는 것이다. 우리가 하나님의 소유가 된다는 것은 더욱 기쁜 일이다. 언제나 사랑의 줄을 느끼면서 이 사랑의 줄이 항상 함께 있음을 알고 용기를 가진다. 세상의 어떤 것도 이 사랑의 줄을 끊을 수 없으며 우리를 주님과 함께 묶어두신다.

대림절 첫번째 주일 The First Sunday of Aduent

소재 : 스치로볼 수수깡(Foaming boll)
　　　아이리스(Iris)

12월 둘째 주

본문: 렘 12:1-4, 행 1:6-8

교독문: 43, 마 6장
찬　송: 37, 399

하나님, 질문있습니다

질문을 하는 것은 사람이 가진 특권이다. 그리고 질문을 통하여 사람들은 성장하고 성숙하게 되는 것이다. 아이들이 자랄 때는 연령에 맞추어 질문을 하는데 귀찮을 정도로 질문을 많이 할 때도 있다. 하나님께 대한 질문도 마찬가지다. 질문은 우리의 신앙의 성숙으로 보아야 하며 하나님은 우리의 질문을 기쁘게 보실 것이다. 우리가 훗날 하나님을 만나면 물어볼 것이 많이 있지만 그때 만나게 되면 물어보지 않아도 절로 다 알게 될 것이다.

1. 하나님께 대한 질문은 신뢰와 의지의 표현이다.

학생들이 선생님께 질문할 때에 선생님이 아는가를 시험할 때가 있다. 더구나 새로 부임한 선생님께는 이상한 질문을 많이 하게 된다. 하나님께도 그렇다. 처음에는 이상한 질문도 많이 하고 엉뚱한 의문도 가지지만 그러나 성숙한 그리스도인의 질문은 신뢰와 확신의 표현이다. 예레미야는 하나님께 질문을 한다. 그가 질문하는 것은 하나님의 의로우심 때문이다. 사울은 다메섹 도상에서 "주여 뉘시오니이까"라는 질문을 통하여 새롭게 변화하였다. 지금까지의 예수는 그의 핍박의 대상이었지만 이제는 섬김의 대상이 되었다. 이 질문으로 그는 자기의 생과 정열과 모든 것을 바칠 수 있었다.

2. 하나님께 대한 질문은 응답과 확신을 준다.

한번도 의심해 보지 못한 사람은 믿지도 못한다는 말이 있다. 도마는 의심했지만 나의 주 나의 하나님으로 확신하였고 나다나엘은 나사렛에서 무슨 선한 것이 나오겠느냐고 하였지만 하나님의 아들이요 이스라엘의 왕이라고 고백하였다. 예레미야의 질문은 결국 확신으로 이어졌고 하박국도 질문을 통하여 하나님의 확실한 음성을 듣게 되었다. 사울은 처음에는 하나님께 많은 것을 물어보았지만 뒤에는 신접한 자에게 물어보고 하나님께 물어보지 않았으므로 하나님은 그를 죽이시고 다윗에게 위를 넘겨 주셨다. 다윗은 반면에 모든 것을 하나님께 물어보았다. 이것이 성군이요 하나님의 마음에 합한 자가 된 이유이다.

3. 결국 하나님께 대한 질문은 삶의 성숙을 가져온다.

질문은 학문의 성장을 가져온다. 하나님께도 질문이 많은 사람이 빨리 성장한다. 제자들은 이스라엘 나라의 회복을 질문하고 이에 대한 응답으로 성숙하여 배우는 제자로서가 아니라 보냄받은 사도로 일하게 되었다. 하나님께 대하여 많은 질문은 우리로 성숙하게 하고 일하게 하는 요인이 된다.
우리나라는 위기를 맞이하였다. 전직 두 대통령이 구속되는 예는 어느나라에도 없는 일로서 우리는 즐길 것이 아니라 이 일을 하나님께 물어보아야 한다. 정치력에 의존하지 말고 사람을 만나 해결할 것이 아니라 가장 쉽고 빠르고 정확한 하나님께 물어보고 이 어려움을 극복해 나가는 슬기를 가져야 할 것이다.

대림절 두번째 주일 Second Sunday of the Advent

소재 : 드라세나(Dracaena)
  아이리스(Iris)
  황금편백(Gold Green Japanese cypress)

12월 셋째 주

본문: 삼하 2:1-7, 요 1:14

교독문: 56, 강림절 (2)
찬 송: 123, 178

은혜와 진리

진리를 알지 못하는 사람들이 힘이 진리인 줄 알고 진리를 오도할 때가 많이 있다. 그러나 은혜를 알지 못하면 진리를 알지 못한다. 은혜와 진리는 별개의 것이 아니라 하나이다. 성경은 은혜와 진리를 함께 말하며 하나님의 은혜와 진리, 그리스도의 은혜와 진리를 함께 충만함을 말하고 있다. 탕자의 비유는 하나님의 은혜와 사람의 율법을 잘 대조하고 있으며 이러한 인간의 율법주의적 사고를 근절하기 위하여 그리스도께서 이땅에 오셨고 오실 때에 은혜와 진리가 충만하였다고 성경은 전한다. 은혜와 진리는 그리스도로 말미암아 온 것이다 (요 1:17)

1 그리스도의 오심은 은혜를 주시기 위함이다.

은혜란 인간을 대하는 하나님의 호의를 의미한다. 헬라에서는 지배자의 백성에 대한 호의를 은혜라 하였다. 구약은 여호와의 행동과 이스라엘에 대한 하나님의 태도를 은혜라 하였고 신약은 하나님의 백성에 대한 행위를 은혜라 하였다. 은혜란 하나님의 무조건적인 사랑의 표현이다. 언약신학에서는 은혜의 언약을 말하는데 이것은 타락한 모든 사람이 은혜로 말미암아 구원받게 하나님은 언약하셨다는 것이다. 1만 달란트 빚진자는 탕감이라는 방법 외에는 용서받을 방법이 없지만 탕감받은 것은 은혜이다. 그래서 바울은 나의 나 된 것은 하나님의 은혜라 하였고 하나님의 은혜를 헛되이 받지 말라고 하였다.

2 그리스도의 오심은 진리를 주시기 위함이다.

요한복음 18장은 예수님과 빌라도의 재판에서의 대화가 나온다. 빌라도는 "네가 왕이냐"고 물었고 예수님은 "진리에 대하여 증거하러 왔으니 진리에 속한 자는 내 소리를 듣는다"고 하셨다. 지금까지 수많은 사람들이 진리가 무엇이냐라고 묻고 찾으려고 애쓰고 있으나 그리스도를 찾아야 진리를 알 수 있다. 예수님 당시에도 진리는 오인되었다. 예수님을 알지 못하면 진리는 언제나 오인되고 진리 아닌 것을 진리라고 하는 것이다. 지금 우리나라는 역사바로잡기에 온 국민의 시선이 집중되어 있다. 우리는 전직 대통령을 정죄하려는 것이 아니라 진리를 밝히려는 것임을 잊지 말아야 한다.

3 그리스도의 오심은 은혜와 진리를 충만케 하기 위함이다.

은혜와 진리는 하나님의 속성이다. 그러므로 우리가 하나님을 믿음으로 충만하게 된다. 하나님은 은혜와 진리의 하나님이시기에 충만하게 하실 수 있다. 사람들은 자신의 힘으로 어느 정도의 은혜는 가지고 베풀 수 있다. 그리고 인간의 노력과 지식으로 어느 정도의 지식은 가질 수 있다. 그러나 충만이란 하나님의 것이다. 충만은 하나님의 언어로 인간의 힘으로 될 수 없다. 하나님이 주셔야 가능한 것이다. 가진 것은 소모적이지만 충만하면 소모되지 않는다. 그러므로 그리스도와 함께 하면 언제나 은혜와 진리로 충만하게 된다.

그리스도의 오심을 대망하는 것은 은혜와 진리의 충만을 대망하는 것이다. 우리 마음에 그리스도가 오시면 은혜도 진리도 충만하게 임하는 것이다.

대림절 세번째 주일 Third Sunday of the Aduent

소재 : 소국(Chrysanthemum)
　　　카스피아(Statice Caspia)
　　　편백(Green Japanese cypress)

12월 넷째 주

본문: 창 19:23-28, 빌 3:12-16

교독문: 56, 강림절 (1)
찬 송: 126, 116

미래지향적 교회

다사다난이란 말이 실감나는 한해였다. 그러나 이제 모든 일들은 다 과거지사이고 이제 다시 새로운 해를 준비해야 할 때가 되었다. 모든 사람은 마지막을 인정하면서도 마지막이 천천히 자신에게 도래하기를 기대한다. 그러나 시간은 우리를 기다려 주지 않고 야속하게 다가온다. 국내외적으로 많은 일들이 있었고 놀랄만한 사건도 많이 있었지만 이런 가운데서도 지켜주신 하나님께 감사드리며 미래라는 소망을 주신 하나님께 감사드린다. 교회는 과거에 집착하는 것이 아니라 미래에 관심을 가지고 미래지향적이어야 한다.

1. 교회는 과거회상적이어서는 안된다.

바울은 "뒤에 있는 것을 잊어버린다"고 하였다. 미래지향적 교회는 과거를 잊어버릴 줄 알아야 한다. 과거를 잊지 못하면 앞으로 나아가지 못한다. 망각의 은혜는 분명히 하나님의 큰 은혜이다. 과거에 대한 망각은 현실에 대한 충실과 미래에 대한 소망으로 가능케 한다. 많은 사람이 과거를 잊지 못하고 과거의 노예가 되어 살지만 과거에 대한 해결은 자신의 몫이다. 누구도 자신의 과거를 해결해 줄 수 없다. 과거의 포로가 되거나 현실을 도피하여서는 안된다. 출애굽한 이스라엘 백성들에게 가장 큰 문제는 과거에 집착하는 삶이었다. 광야에서 고통이 있을때마다 그들은 앞에 있을 가나안보다 과거의 애굽을 생각하였다. 이것이 하나님의 진노의 대상이 되었다.

2. 교회는 미완성적이다.

바울은 "내가 온전히 이루었다함도 아니다"라고 하였다. 바울은 이미 완숙한 경지에 도달한 사도였지만 자신이 미완성이라고 고백하였다. 이스라엘 공동체는 구원받았지만 완전한 공동체가 아니었다. 거기에는 인간적 요소도 있고, 하나님께 대한 불신도 있고, 과거로 돌아가려는 역출애굽의 시도도 있고, 약속의 땅을 기대하지 않는 절망도 있었다. 교회도 마찬가지이다. 세상에 존재하는 교회는 모두가 불완전하고 인간적 부족도 있고 광야길의 방황도 있다. 그러나 교회가 미완성적이라는 것을 아는 교회는 희망이 있다. 교회가 미래를 지향하는 까닭은 미완성적이기 때문이다.

3. 교회는 진취적이어야 한다.

바울은 계속해서 자신의 삶을 "푯대를 향하여 좇아간다"고 하였다. 과거를 잊어버리는 것도 중요하고 미완성적이라는 것을 아는 것도 중요하지만 더욱 중요한 것은 진취적이어야 한다. 흔히 교회가 "초대교회로 돌아가자"고 하는데 교회는 초대교회의 정신은 잃지 말아야 하지만 초대교회로 돌아가는 것은 옳지 않다. 교회는 열린 미래를 향해 나아가야 한다. 아브라함에게 아비 친척의 집을 떠나라는 말씀도 미래를 향해 나아가라는 말씀이고 롯의 아내가 주는 교훈도 뒤를 보지 말고 미래를 향해 나아가라는 의미이다. 교회는 사회에 건전한 미래상을 불어넣어 주어야 한다. 절망가운데 있는 민족에게 희망을 주고 용기를 주는 것이 교회의 사명이다. 과거를 잊어버리고 다가올 새해를 준비하며 밝은 새해를 희망으로 맞이하는 슬기가 있어야 할 것이다.

대림절 네번째 주일 Fourth Sunday of the Advent

소재 : 안개(Gypsophila)
　　　스치로폴(Fouming)
　　　초(Candle)

성탄절

본문: 사 9:1-7, 눅 2:8-14
교독문: 57, 성탄절
찬 송: 125, 115

성탄이 주는 선물

성탄이 되면 카드를 보내고 선물을 보내기도 한다. 카드나 선물은 보내는 기쁨을 우리에게 주는 것들이다. 성탄을 전해주는 성경은 동방의 박사들이 아기 예수님을 찾아 왔을 때에 세가지 선물을 가지고 온 것을 전해주고 있다. 그러나 더 중요한 사실은 성탄은 그 자체가 우리에게 주는 선물이라는 것이다. 하나님께서 아들을 우리에게 주신 것이 최고의 선물이며, 그와 더불어 우리에게 모든 것을 은혜의 선물로 주시겠다고 하셨다. 아들을 주신 것은 가장 큰 선물이며 그와 더불어 많은 선물을 제공한다. 성탄이 주는 선물이 무엇인지 살펴보자.

1. 흑암의 백성에게 큰 빛을 선물로 주셨다.

흑암의 백성들에게 있어서 가장 큰 선물은 빛이다. 세상에 고통받던 사람들에게 가장 큰 선물은 그리스도를 통한 빛이었다. 빛이 있기 전의 세상은 혼돈과 흑암이었다. 그러나 하나님은 빛을 창조하심으로 세상은 어두움이 물러가고 질서가 있게 되었다. 마찬가지로 예수님이 오시기 전의 세상은 혼돈과 어두움이었지만 예수님이 오심으로 빛이 세상에 오게 되었고 세상이 밝아지고 일하게 되고 빛으로 모든 사람이 모이게 된 것이다. 빛은 어디에나 침투하듯이 예수 그리스도는 누구에게든지 들어가셔서 마음의 주인이 되시고 변화시키신다.

2. 모든 사람에게 즐거움을 선물로 주셨다.

3절은 즐거움이란 말을 네번씩이나 반복한다. 그리스도의 탄생은 이 세상에 즐거움을 준 사건이었다. 그리스도가 오심으로 세상은 기쁨이 생기고 즐거움이 지배하게 된다. 천사들이 목자들에게 나타나 주신 말씀도 그리스도가 나심으로 온 백성에게 미칠 큰 기쁨의 좋은 소식이라고 하였다. 예수님의 나심은 세상의 모든 사람에게 즐거움을 주신 사건이었다. 우리가 부르는 크리스마스 캐롤은 모두가 기쁜 노래이다. 그중의 어떤 것도 심각하거나 우울한 것이 없다. 그리스도께서는 이 땅의 모든 사람에게 기쁨을 주시려고 오셨다. 성탄을 통하여 함께 기뻐하는 것이 우리의 신앙이다.

3. 자유와 평화의 선물을 주셨다.

4절은 이스라엘에게 주실 새로운 자유의 해방을 의미한다. 그리스도의 탄생은 모두에게 새로운 자유와 평화를 선포한다. 예수님이 오심으로 모든 사람이 죄의 굴레에서 벗어나며 자유와 해방을 가져오는 것이다. 주님의 오심을 이사야는 포로된 자에게 해방을, 눌린 자에게 자유를 주려 하심이라고 하였다. 목자들에게 들려준 천사의 노래는 하늘에는 영광, 땅에는 평화였다. 성탄은 하나님께는 영광이 되고 모든 사람에게는 평화가 되는 사건이다. 죄로 말미암아 깨어진 인류의 평화가 그리스도의 오심으로 다시 회복되는 진정한 평화가 이룩되게 되었다. 성탄의 선물을 받는 자들에게는 평화가 있다. 이 선물은 누구에게나 주시는 하나님의 선물이다.

성 탄 절 Christmas

소재 : 섬 느티나무(착색)(Sawledf zelkovatree)
　　　종려잎(착색)(Fan plam)
　　　소나무(착색)(Pine)
　　　포인세티아(Poinsettia)
　　　펄볼(Pull ball)

본문:미 5:2-4 · 마 2:1-12

경배하러 왔노라

현대는 예수 그리스도가 없는 성탄절을 기다리고 있으며 십자가가 없는 기독교를 믿으려 하고 있다. 이러한 때에 성탄절을 맞이하면서 성탄의 의미를 다시 한번 음미해 보고 예수께서 이 땅에 오신 뜻을 밝혀보아야 할 것이다. 동박의 박사들은 모든 그리스도인들의 동경의 대상이며 예수를 경배한 모범을 보인 자들이다. 박사들은 경배하려는 일념으로 예수께 나아왔고 경배할 뿐만 아니라 예물을 드리고 다른 길로 돌아 고국으로 돌아갔다. 이러한 동방박사의 심정으로 성탄절을 맞이하자.

1 경배의 열정

동방박사들은 예수께 경배하려는 열정이 대단하였다. 그들은 멀고 험한 길을 예수께 경배하기 위하여 왔다. 당시의 페르시아에서 팔레스타인까지는 먼 길이었고 일교차가 심한 중동지방에서는 힘든 일이었음 더구나 위험의 부담까지 있는 여행이었다. 그러나 태어나신 왕께 경배하려는 일념으로 먼 길을 달려왔다. 그들이 헤롯에게 와서 "왕께 경배하러 왔다"고 하였다. 얼마든지 호기심도 있을 수 있고 천문학자들로서 별의 주인공에 대한 관찰하고 싶은 심정도 있었을 것이고 또 왕으로 나신 이에게 개인적 이권을 위하여 갈 수도 있었으나 그들의 목적은 경배하는 한가지였다. 현대의 성탄절이 호기심과 이권으로 변질되는데 박사들의 경배는 좋은 귀감이 된다.

2 경배의 정성

동방박사들은 예물을 가지고 경배하러 왔다. 당시에 풍습으로는 왕께 나아갈 때에는 예물 없이는 나아가지 못했다. 이것은 그들이 예수를 임금으로 인정하였다는 사실이다. 황금은 왕권을 상징했으며, 유향은 예수님의 신성을 상징했으며, 몰약은 예수님의 인성을 상징하였다. 예수께 바친 아이 같이 예수께 드림으로 우리의 삶이 경배가 된다. 이러한 박사들의 경배하는 우리에게 있어야 한다.

3 경배의 마침

동방박사들은 헤롯에게 가서 예수께서 나신 곳을 물었고 헤롯은 박사들은 속이며 찾으면 자기도 가서 경배하게 하라고 하였다. 그러나 박사들은 꿈에 지시하심을 받고 다른 길로 고국으로 돌아갔다. 그들은 자기 나라의 왕도 아니지만 왕께 경배하였고 왕을 보호하려고 다른 길로 돌아갔다. 헤롯은 자기 나라에서 난 왕이지만 죽이려고 하였다. 박사들은 처음에는 바른 길을 알지 못하여 헤롯궁에 들어가서 왕이 나신 곳을 물었고 이 때문에 많은 아이들이 죽게 되었지만 갈 때에는 아기 예수를 경배한 기쁨을 안고 방향을 알고 돌아갔다. 박사들의 길은 바른 길이었고 방향을 아는 길이었다.

이 박사들의 열정과 예물 그리고 경배의 마침을 배우고 성탄절을 기다리는 목적이 변하고 있는 이 때에 의미있는 성탄절을 기다리는 자들이 되자.

성 탄 절 Christmas

소재 : 느티나무착색(Zelkova tree)
　　　　포인세티아(Poinsettia)
　　　　눈솔가시(Pine twings shapea like snow)
　　　　펄볼(Pull ball)

12 월 다섯째 주

본문: 단 12:13, 마 20:1-16

교독문: 44, 요 1장
찬 송: 23, 401

마지막 시간의 품군

1995년 마지막 주일을 맞이했다. 그동안 교회와 가정을 지켜주신 하나님께 감사하며 며칠 남지 않은 금년을 잘 보내기 위해 함께 노력해야 할 것이다. 우리에게는 우리의 날을 계수하는 지혜가 있어서 이 지혜로 산다면 짧은 날을 길게 살 수 있을 것이다. 포도원 품군의 비유는 많은 교훈을 준다. 마지막 시간에 간신히 주인에게 선택되어 포도원에 들어와 1시간을 일한 품군의 심정으로 산다면 열심히 그리고 주인의 마음에 합당하게 일 할 것이다. 이 비유를 통하여 마지막 시간의 삶을 지혜롭게 살자.

1. 마지막 시간의 품군에 대한 동등한 권리와 대가를 보자.

우리는 다 하나님의 포도원에 들어가 일하는 품군과 같다. 마지막 시간에 들어간 품군에게 주인은 먼저 온 품군과 같이 한 데나리온을 주었다. 먼저 온 자들이 불평했지만 주인은 단호했다. 주인은 일찍 온 자나 늦게 온 자나 동등한 권리를 가진다고 하였다. 왜냐하면 주인은 양이 아닌 포도원에 들어가 일했다는 그 자체를 중요하게 생각하기 때문이다. 그리고 포도원에는 누구나 들어가 일할 권리가 있다는 것을 가르치고 있다. 11시에 온 사람은 아무도 데리고 가는 사람이 없었지만 주인은 데리고 와서 일하게 하고 일하게 할 뿐만 아니라 먼저 온 사람과 똑같이 품삯을 주었다. 이러한 품군의 마음을 가지고 산다면 부지런히 일할 것이다.

2. 마지막 품군의 자세는 주인의 은혜에 감사하게 될 것이다.

마지막 시간에 간신히 부름을 받아서 온 품군은 주인에게 감사할 수 밖에 없을 것이다. 먼저 온 자들은 주인의 마음을 알지 못하고 불평하였다. 그러나 주인은 이렇게 하는 것이 주인의 뜻이라고 하였다. 나중에 온 자나 먼저 온 자나 똑같이 품삯을 주려고 한 것이 주인의 뜻이었다. 하나님은 절대 선이시므로 항상 공평하시고 무사하시다. 그리고 포도원 주인의 자세는 적극적이고 주도적이다. 친히 나가서 품군을 데려오고 친히 한사람씩 만나서 품삯을 주었다. 품군은 주인에게 감사할 수 밖에 없을 것이다.

3. 우리 모두가 마지막 시간의 품군의 자세로 살아야 한다.

우리는 먼저 와서 불평한 품군보다 뒤에 와서 감사와 감격으로 일한 마지막 시간의 품군의 자세를 가져야 한다. 그러기 위해선 먼저 온 자들이 가졌던 비교의식을 버리고 일해야 한다. 그리고 주인에 대한 감사하는 마음으로 충성을 다해야 한다. 마지막 시간에 온 품군은 그동안 허비한 시간에 대한 보답으로 몇 배 열심히 일해야 할 것이다. 주인의 마음을 헤아리고 주인의 뜻대로 주인의 일을 하게 될 것이다. 그리고 마지막 포도원 문을 닫는 시간까지 최선을 다해서 일해야 할 것이다. 이러한 자세를 가지는 것이 중요하다.

이제 며칠 남지 않은 시간을 마지막 시간에 포도원에 들어간 품군의 자세로 감사하는 마음으로 최선을 다해서 열심히 일하자.

성탄절후 첫번째주일 (송구영신 주일) The First Sunday after Christmas

소재 : 동백(Camellia) 측백나무(Oriental arbor vitae)
　　　　산수유(Cornus officinalis sieb et. Zucc)
　　　　소나무(Pine)
　　　　극락조화(Imition flower)
　　　　백합(Lily)
　　　　거베라(Gerbera daisy)

1월 첫째 주

본문: 신 6:1-9, 마 25:1-13

교독문: 67, 신년예배
찬 송: 29, 358

21세기를 준비하는 교회

지난해는 하나님께서 우리교회에 주신 은총의 해였다. 100주년을 맞이하면서 모든 행사를 잘 끝내고 우리 모두가 은혜를 받았다. 그러나 지난 100년의 역사만 고수하고 살면 미래지향적 교회는 되지 못한다. 우리는 역사가 가지는 역사성의 의미를 살려서 새로운 세기에도 한국사회와 교회를 지도할 수 있는 교회가 되어야 할 것이다. 21세기란 시간은 결코 순탄하거나 희망적인 시간만은 아니다. 그러므로 우리는 21세기를 위하여 준비하여야 한다.

특히 교회는 이러한 미래적 전망에 민감해야 하며 새로운 시대에 대한 대처방안을 마련하여야 할 것이다.

1. 교회가 당면한 과제

교회는 정보통신이 극도로 발달하게 될 미래 사회에 대하여 어떻게 적응하느냐 하는 시대적 과제를 안고 있다. 인간의 존엄성과 생명이 경시되는 풍조속에서 이에 대한 새로운 경각심과 성경적 대응이 요구된다. 임시성과 일회성의 발달로 교회도 일회용으로 생각하게 될 미래사회에 대하여 교회의 대처방안이 간구되어야 한다. 동시에 교인의 이동과 새로운 유목민으로서의 미래인들에 대하여 교회는 어떻게 그들의 필요를 충족시켜 주느냐 하는 중요한 과제를 안고 있다. 도시의 광역화는 또 다른 목회적 문제를 제공한다. 이러한 광역화된 가정들을 어떻게 효율적으로 관리하느냐 하는 새로운 문제도 현실적으로 다가올 것이다.

2. 과제를 해결하는 비법

새로운 세기는 근대 구라파의 교회와 같이 쇠퇴할 것이라고 한다. 그러나 기독교 사학자들은 구라파 교회는 기독교가 가지고 있는 예언자적 기능에 지나치게 치중하였기 때문이라고 한다. 기독교는 예언자적 기능과 영성적 기능을 가지고 있는데 구라파교회와 같은 전철을 밟지 않기 위해서는 영성적 기능을 회복하여야 한다. 영성이란 기독교 진리의 가장 깊은 곳에 서는 것이다. 화이트헤드는 말하기를 "현대교회는 고대교회보다 사회에 주는 영향이 약해졌다"고 하였다. 왜냐하면 교회가 영성을 상실하였기 때문이다. 사회의 악한 영성에 대하여 교회의 거룩한 영성이 약하기 때문에 사회에 대한 대처능력을 상실하였다. 영성적 재발견이 한국교회를 새롭게 하고 쇠퇴하지 않게 하는 비법이다.

3. 21세기를 준비하는 교회

21세기를 5년 앞두고 100년이후 시대를 맞이한 연동교회는 향후 5년간 "21세기를 준비하는 교회"라는 주제로 목회할 것이다. 그리고 21세기 준비의 가장 중요한 목회적 관심은 교육, 통일, 선교, 사회봉사, 친교이다. 향후 5년간 매년 하나의 관심을 집중적으로 연구하고 봉사하게 할 것이다. 이 일을 위하여 "백년이후시대 위원회"를 조직하고 전문적으로 21세기를 준비하게 할 것이다.

일본을 얘기할 때마다 그들의 직업계승정신을 빼놓지 않는다. 작은 일이지만 몇 대를 계승하여 기업을 이어나간다. 이것이 일본을 40년만에 세계 제일의 경제대국이 되게 한 요인이라고 한다. 우리교회는 오랜 교인이 많이 있다. 몇 대를 계승하여 교회를 이어나가는 교회 계승 정신으로 21세기 교육을 준비하자.

신년주일 New years Sunday

소재 : 소나무(Pine)
　　동백(Camellia)
　　국화(Chrysanthemum)
　　소국(Chrysanthemum)
　　스치로폴수수깡(Fouming indian millet)

1월 둘째 주

본문: 시 51:1-10, 딛 3:1-7

교독문: 1, 시 1편
찬 송: 9, 493

영을 새롭게 하소서

새해에는 새로운 다짐으로 새해를 시작해도 달라진 것이 없고 작심삼일로 끝나는 것은 우리의 속 사람이 달라지지 않았기 때문이다. 영이 새롭게 되어야 삶이 새로와지며, 교회가 새로와지며, 사회가 새로와진다. 시편 51편은 다윗의 회개시이다. 이 시는 다윗의 참회의 정이 넘치는 시편이다. 다윗은 우리아의 아내를 취함으로 제7계명을 범하였고 우리아를 전방에 보내 죽게 함으로 제6계명을 범하였다. 하나님께서 나단 선지자를 통하여 다윗의 죄를 책망했을 때에 그는 겸손하게 그 책망을 받아들이고 회개하였다. 그는 죄를 짓지 않은 사람이 아니라 죄를 짓고 회개할 줄 아는 사람이었다.

1. 정직한 영을 새롭게 하기 위한 조건

다윗의 영생회복의 논리는 무조건 영을 새롭게 해달라는 것이 아니라 악한 영에 대한 회개가 우선된다. 다윗은 자신의 죄를 먼저 인정하였다. 철저한 자기 죄에 대한 인식이 회개를 가능케 하고 용서를 받게 한다. 그는 과거의 죄 뿐만 아니라 미래의 죄까지도 회개했으며 행위로서의 죄 뿐만 아니라 죄로 잉태된 뿌리 깊은 죄성까지도 회개하였다. 그리고 그는 간절한 회개의 소망을 가진다. 우리의 죄는 하나님편에서 잊으셔야 한다. 회개하지 않고 우리가 잊어버리면 안된다. 하나님은 기억도 아니하시는데 우리가 아직도 용서함 받은 것을 알지 못하고 살아도 안되며 하나님이 용서하시기 전에 우리가 기억하지 않고 살아도 안된다.

2. 정직한 영을 새롭게 하기 위한 결단

다윗은 단지 자신의 죄를 깨닫고 회개할 뿐만 아니라 새로운 결단을 한다. 회개란 생각이 아니라 삶이어야 한다. 베드로는 대제사장의 집에 들어가 주님을 부인하는 자리에까지 갔지만 닭이 울 때에 그 울음소리와 함께 대제사장의 집을 뛰쳐나와 심히 통곡하였다. 회개하는 자의 결단은 죄의 자리를 피하는 것이다. 간음현장에서 잡혀온 여인에게도 주님께서는 "가서 다시는 죄를 짓지 말라"고 하셨다. 잘못을 느끼는 것만으로는 회개라고 할 수 없다. 다시는 죄를 짓지 않을 결단이 회개이다. 죄와 멀리 사는 의지적 결단이 회개이다.

3. 정직한 영으로 새롭게 하는 삶

인간의 의지는 인간으로 부도덕의 삶을 살게 한다. 인간의 의지는 하나님과 어긋난 길로 가게 한다. 인간의 영이 새로와지기 전에는 모두가 피할 수 없는 죄인이다. 인간의 생각과 도모하는 계획이 악하지만 영이 새로와지면 행동은 선해지고 사회는 정의롭게 된다. 주님께서는 "새 포도주는 새 부대에 넣으라"고 하셨다. 우리의 새로운 영이 새로운 육을 만든다. 아무리 육을 단장해도 영이 변하지 않으면 육은 여전히 온전치 못하다. 우리의 영이 새로와지면 육적 삶은 절로 온전하게 된다. 영이 새로와져야 삶의 질도 영성적으로 변화된다.

새해에 새롭게 살자고 결단해도 인간의 의지만 가지고는 새로와지지 않으며 변하는 것은 아무 것도 없다. 정직한 영을 새롭게 하는 하나님께 의지하여 새로운 영으로 새해를 살자.

주님의 수세일 Baptism of the Lord

소재 : 황금편백(Gold Green Japanese cypress)
　　　나리(Tiger lily)
　　　엽란(Common aspidistra)

1월 셋째 주

본문: 사 6:9-13, 롬 11:1-5

교독문: 2, 시 2편
찬 송: 13, 261

이 땅의 그루터기

이스라엘 역사의 하나님은 하나님을 알지 못하는 이방으로 하여금 이스라엘이 고난을 당하게 하신다. 그러나 고난 가운데서 남은자 몇을 통하여 새로운 하나님의 역사를 이루어 나가신다. 이사야는 하나님께로부터 새로운 소명을 받고 이스라엘 백성들이 포로되어 멸망당할 것을 알았다. 그러나 그루터기 같은 거룩한 남은 자들을 통하여 하나님의 백성을 다시 형성할 것을 예언한다. 모든 세대에 하나님은 세속적 상황에 물들지 아니한 남은자를 남겨두신다. 이것은 구원의 상징이며, 최후의 구원에 참여할 자들의 상징이다.

1. 밤나무, 상수리나무가 베임을 당한다.

가장 고귀한 나무인 밤나무와 상수리나무가 베임을 당하는 것은 하나님을 아는 백성이 고난을 당한 것을 의미한다. 유다가 바벨론의 침공으로 수많은 사람들이 죽임을 당하고 많은 귀인들이 바벨론에 끌려갔다. 전체 국민에 비해 극소수였지만 이들은 역사의 주역이었다. 다시는 일어설 수 없을만큼 이스라엘 백성은 베임을 당하였다. 그러나 베임을 당하지만 결코 하나님의 백성은 멸하지 않고 생존한다. 그래서 예수님도 "세상에서 너희가 환난을 당하나 담대하라 내가 세상을 이기었노라"고 하셨다. 세상에서의 그리스도인은 환난을 면제 받는 것이 아니라 똑같이 당한다. 그러나 남은 자들은 구원에 들어갈 것이다.

2. 나무가 베임을 당하지만 그루터기는 남는다.

그루터기는 뿌리, 줄기, 기둥으로 번역되는 원초적 생명력을 소유하고 있는 부분이다. 그루터기는 나무의 생명력이다. 생명이 있어야 그루터기가 될 수 있다. 생명이 없는 그루터기는 아무 쓸모없는 거추장스런 물건이 되고 만다. 예수님은 생명으로 인도하는 문은 좁고 길이 협착하여 찾는 이가 적음이라고 하셨다. 큰 배가 작은 키 하나로 움직이듯이 우리 사회는 소수의 그루터기에 의해 생명을 이어간다. 그루터기가 있는 한 나무는 희망이 있다. 교회는 구원받은 백성으로서 사회의 그루터기이다. 교회가 세상에 있는 한 사회는 희망이 있고 사회의 생명을 이어간다. 또 이런 교회가 되어야 한다.

3. 이 땅의 그루터기는 거룩한 씨이다.

모든 나무가 베임을 당하면 그루터기가 생긴다. 그러나 모든 그루터기가 다 살 수 있는 것은 아니다. 어떤 나무는 베임을 당하면 죽지만 밤나무나 상수리나무는 죽지 않는다. 그 속에 생명이 있는 거룩한 씨이기 때문이다. 이 땅의 그루터기는 거룩한 씨이다. 스스로 생명을 가질 뿐 아니라 타인에게 생명을 주는 것이 씨이다. 더구나 우리는 거룩한 씨이다. 왕성한 생명력과 선택받은 생명을 이어가는 자들이다. 씨감자라는 것은 가장 좋은 종자로 다음 대에 감자를 나게 하기 위하여 남겨두는 것이다. 남은자로서 튼튼한 생명력을 이어주는 것이다. 하나님은 언제나 이 땅에 거룩한 씨를 남겨두어 이 땅의 그루터기로서 구원을 이루고 이 세상을 구원하게 하신다.

우리가 거룩한 씨가 되어 이 땅의 그루터기로서 새로운 가지와 꽃과 열매를 맺는 구원받은 남은자들이 되자.

주현절후 두번째 주일 Second Sunday after Epiphany

소재 : 낀깡(Mandarin orange)
나리(Tiger lily)
거베라(Gerbera daisy)
버드나무(Weeping willow)

1월 넷째 주

본문: 출 17:8-16, 살전 5:25-28

교독문: 3, 시 4편
찬 송: 34, 212

새 교회의 세가지 요소

일본 관서지방의 지진은 우리에게 큰 교훈을 준다. 지진이란 언제 일어날지 아무도 모른다. 그러나 지진을 대비하고 준비한 자에게는 크게 두려워할 것이 못된다는 것이 지진학자들의 말이다. 미래란 예고된 시간이지만 준비되지 못한 자들에게는 큰 재앙이며 미래에 받는 충격은 클 것이다. 그러나 준비된 자들에게는 미래란 희망이며 기쁨이다. 새로운 해를 맞이하여 우리교회가 새로운 교회가 되기 위하여 필요한 것이 무엇인가를 다시 한번 점검해 보아야 한다. 새로운 시대를 맞이하여 21세기를 준비하는 우리교회에 필요한 세가지 요소를 성경을 통하여 찾아본다.

1 기 도

바울은 "형제들아 우리를 위하여 기도하라"고 한다. 기도는 바울이 데살로니가 교회에 마지막으로 부탁하는 세가지 요소가운데 첫번째이다. 더구나 이 기도는 중보의 기도이다. 교회는 만민이 기도하는 집이다. 교회의 기능은 여러가지이지만 기도의 기능은 가장 중요한 기능이며 기도하는 교회가 새로운 시대의 주역이 될 수 있을 것이다. 더구나 중보의 기도는 힘이 있고 가장 좋은 성도의 사랑이다. 모세는 민족을 위하여 두 손을 들었으며 모세의 두 손이 들려질 때에 이스라엘은 승리하였다. 모세의 두 손만 중요한 것이 아니라 모세의 두 손을 들려지게 도와준 아론과 훌의 노력도 중요하다. 우리 모두는 민족을 위하여 두 손을 높이 들어야 한다. 모세가 아니라도 아론과 훌은 되어야 한다.

2 교 제

바울은 계속해서 "거룩한 입맞춤으로 모든 형제에게 문안하라"고 하였다. 바울은 거룩한 입맞춤을 여러번 강조하였다. 그리고 이것은 초대교회의 중요한 인사가 되었다. 지금도 동방교회에서는 거룩한 입맞춤의 문안을 계속하고 있다. 교회는 선포와 봉사와 교제의 세가지 중요한 기능을 가진다. 이 가운데 어느 하나라도 없으면 바른 교회가 아니다. 그러므로 성도의 교제란 중요한 교회의 기능이다. 더구나 우리는 "성도가 서로 교통하는 것"을 신앙고백한다. 교제는 신앙고백의 요소가운데 하나이다. 기독교는 타자를 위한 종교이다. 그러므로 "교제란 더욱 중요한 기독교의 기능인 것이다. 교회에서 찬송, 기도, 설교, 헌금 등의 모든 요소를 다 갖추고 예배드리고 간다고 하지만 성도의 교제가 없는 예배는 예배일 수 없다. 새로운 교회는 교제를 회복해야 한다.

3 말 씀

바울은 마지막으로 "모든 형제에게 이 편지를 읽어 들리라"고 한다. 바울의 편지는 편지 이상으로 하나님의 영감을 가진 말씀이다. 그러므로 모든 성도가 함께 하나님의 말씀을 읽는 것이 교회의 요소이다. 더구나 새로운 시대의 교회가 되기 위하여 교회는 모든 성도들에게 하나님의 말씀을 읽게 하고, 묵상하게 하고, 말씀대로 살게 하는 것이 중요한 일이다. 하나님의 말씀보다 인간의 경험이나 지식이 앞서는 교회는 교회가 아니다. 성장하며 새로와지는 교회는 하나님의 말씀을 중요하게 생각하는 교회이다.

이 세가지 요소를 잘 구비하여 새로운 세기에 민족을 이끌어 가는 교회가 되고 새로움으로 사회에 공헌하는 교회가 되자.

주현절후 세번째 주일 Third Sunday after Epiphany

소재 : 산수유(Cornus officinalis sieb et. Zucc)
　　　　종려잎(Fan palm)
　　　　금어초(Snapdragon)
　　　　잎모란(Cabbage rose)
　　　　편백(Green Japanese cypress)
　　　　튤립(Tulip)
　　　　카네이션(Carnation)

1월 다섯째 주

본문: 창 28:20-22, 히 11:13-16

교독문: 4, 시 8편
찬 송: 53, 315

귀향길

우리 민족은 유별난 귀향문화를 가지고 있다. 설날이나 추석이 되면 으레 고향을 찾는 사람들로 모든 길은 마비된다. 그래서 우리는 귀향전쟁이라 하고 귀향전쟁 며칠후면 귀성전쟁을 또 한차례 치르게 된다. 히브리서 기자는 전통적으로 바울이라고 알려졌으나 누구인지는 알 수 없다. 기자는 11장에서 믿음을 얘기하면서 믿음으로 산 위인들도 이 땅에서는 외국인이요 나그네라고 하였다. 다시 말하면 이 땅에서 외국인으로 사는 것이 믿음이며 하나님의 나라를 사모하는 것이 믿음이라고 하였다. 진정한 귀향의 의미를 살펴보자.

1. 귀향은 나그네이기 때문에 필요한 것이다.

성경은 모든 사람이 외국인이며 나그네라고 하였다. 아브라함과 이삭과 야곱은 다같이 자신을 나그네라고 하였고 신약에서 바울이나 베드로도 우리를 나그네라고 하였다. 이 땅에서는 누구나 나그네일 수 밖에 없는 것은 우리의 고향은 이 땅이 아니기 때문이다. 인생이 나그네라고 하는 것은 결코 기독교 허무주의가 아니라 진솔한 그리스도인의 고백이다. 나그네의 특징은 고향을 따로 가지고 있다는 것이며 나그네의 모습은 임시거처로 산다는 것이다. 다른 나라에 가서 사는 이민자들이 늘 안정감이 없는 것도 이 때문이며 여행중 아무리 호텔이 좋아도 다음날 아침이면 짐을 싸들고 나오는 것도 이 때문이다. 현대인은 누구나 나그네이며 미래는 새로운 유목민을 양산하게 된다.

2. 귀향은 본향을 찾는 인간의 귀소본능 때문이다.

14절은 "이같이 말하는 자들은 본향을 찾는 것을 나타냄이라"고 한다. 외국인과 나그네는 본향을 찾는다. 사람은 누구나 고향을 그리워하는 귀소본능을 가지고 있다. 더구나 동양인의 귀소본능은 서양인보다 더하다. 야곱은 형을 속이고 먼 길을 떠나면서 이미 본향으로 돌아갈 것을 생각하고 하나님께 서원하고 있으며 돌아올 때에도 형이 그의 목숨을 빼앗을지 모른다는 위험에도 불구하고 고향으로 돌아간다. 목숨을 건 귀향길이었다. 우리도 귀향전쟁 혹은 귀성전쟁이라 한다. 전쟁이란 목숨을 담보로 하는 일이다. 그러므로 우리의 귀향길도 생명을 건 일이다. 한국인은 특별히 구심적 중심지향 의식을 가지고 있기 때문에 다시 돌아오는 문화를 가지고 다시 고향으로 돌아가는 귀소본능이 발달한 민족이다.

3. 참 귀향은 하늘의 본향으로서의 귀향이다.

16절은 "저희가 더 나은 본향을 사모하니 곧 하늘에 있는 것이라"고 하였다. 결국 지상의 성도들에게는 구 본향이 있는데 이 땅의 것은 임시적인 것이며 하늘의 것이 영원한 것이다. 참 성도는 이 땅의 본향이 영원한 고향이 아님을 알고 일시적 귀향이 우리의 목적적 귀향이 아님을 안다. 우리의 본향은 하늘나라이며 우리의 귀향은 하늘나라로의 귀향이다. 우리의 시민권은 하늘나라에 있으며 이 땅의 것은 임시 거주중에 불과하다. "돌아갈 내 고향 하늘나라"라는 찬송은 그래서 우리의 소망이며 참 인생의 길이다. 고향을 찾는 교우들의 귀향길이 평안의 길이 되고, 영원한 하늘나라로의 우리 모두의 귀향길이 평탄의 길이 되자.

주현절후 네번째 주일 Fourth Sunday after Epiphany

소재 : 개나리(Forsythia, Golden bell)
글라디올러스(Gladiolus)
동백(Camellia)
나리(Tiger lily)
거베라(Gerbera daisy)

2월 첫째 주

본문: 삼상 1:21-28, 눅 2:41-51

교독문: 5, 시 13편
찬 송: 55, 30

우리 자녀를 우리 교회로

21세기를 준비하는 교회의 다섯가지 내용가운데 첫째는 교육이다. 교육을 첫째 내용으로 한 까닭은 교육이 가장 장시간을 요하기 때문이다. 교육의 요소들 가운데 우리교회에 가장 필요한 것은 교육의 대상인 학생이다. 우리 자녀를 우리 교회로 데려와야 하는 이유는 우리교회가 좋은 교회이기 때문이며 좋은 교회의 역사를 전승해야 하는 필요성이 있기 때문이며 교회는 미래지향적이어야 하기 때문이다. 하나님의 말씀을 통하여 우리 자녀들이 우리교회에 나와야 하는 당위성을 다시한번 살펴보고 21세기를 잘 준비하는 교회가 되자.

1. 우리의 자녀를 하나님의 자녀로 키우자.

사무엘은 이스라엘의 훌륭한 지도자로서 어머니 한나의 기도로 태어난 아들이었다. 한나는 아들을 주시면 그의 평생에 그를 여호와께 드리겠다고 서원하였고 서원한대로 여호와께 드렸다. 한나는 자신의 욕심때문에 아들을 원한것이 아니라 하나님께 드리기 위해서 아들을 달라고 하였다. 이것이 올바른 자녀관이다. 자녀는 나의 욕심으로 얻을 것이 아니라 하나님의 뜻이 성취되게 하여야 한다. 남아선호사상이란 자기욕심이지 하나님의 뜻은 아니다. 지난 한해동안의 사교육비가 17조에 달한다고 하는데 막대한 돈이 자녀의 교육비로 흘러 들어갔다. 아이들의 지식을 위해서는 엄청난 돈을 투자하지만 아이들의 영혼을 위하여 얼마나 투자하는지 스스로 반성해 보아야 한다.

2. 우리 자녀의 소재를 파악하여야 한다.

때로는 부모님들은 자녀들에 대하여 지나치게 자만하고 있다. 자녀들이 늘 부모와 함께 있는 줄로 알 때가 많이 있다. 아이들은 부모의 보호와 사랑을 받을 권리가 있다. 예수께서 12살때에 예루살렘에 올라가셨을 때에 돌아오는 길에 부모님은 서로 미루면서 예수님이 그들과 동행중에 있는줄로 생각하였다. 그러나 예수님은 예루살렘에 머물고 계셨다. 우리의 자녀가 어디에 있는지 늘 관심을 가지고 보아야 한다. 다윗은 가정적으로 불행한 사람이었다. 그는 밧새바를 취하여 가정불화의 불씨를 만들었고 그의 아들 압살롬의 반역으로 아버지의 군대와 아들의 군대가 싸워야 했다. 그는 전령인 아히마아스가 좋은 소식을 가지고 오기를 애타게 기다렸다. 그러나 아들이 죽었다는 말을 듣고 다윗은 통곡하였다. 아들이 왕자로 자라는 줄 알았는데 아버지에게 칼을 들이대는 반역자로 자라고 있었다. 우리도 항상 자녀에게 관심을 가지고 소재를 파악해야 한다.

3. 우리 자녀를 우리 교회에 맡기자.

우리 자녀가 우리 교회에 나와야 하는 것은 당연한 이치이다. 우리교회는 지금까지 한국교회의 역사에 큰 기여를 하였다. 한때는 우리 교회가 교회와 민족의 큰 지도자를 많이 배출하였다. 이것은 교육의 덕이었다. 1910년대에 실시한 교육은 30년 40년대의 민족 지도자를 배출하였다. 지금 우리가 교육에 투자하는 것은 앞으로 20~30년을 내다보는 것이다. 교사들과 모든 지도자들이 새로운 각오로 21세기 준비를 하고 있다. 우리의 자녀를 우리 교회에 데려와서 미래의 한국의 지도자들로 양육하자. 21세기는 그들의 것인데 잘 준비하여 21세기의 주역으로 우리의 자녀를 키우자.

주현절후 다섯번째 주일 Fifth Sunday after Epiphany

소재 : 글라디올러스(Gladiolus)
  카네이션(Carnation)
  측백(Oriental arbor vitae)
  엽란(Common aspidistra)

2월 둘째 주

본문: 레 25:8-12, 눅 4:16-19

교독문: 6, 시 15편
찬 송: 50, 57

희년을 거룩하게 하라

1995년은 한국선교협의회가 정한 희년이다. 희년에 대하여 많은 논란이 있었고 구약적 의미의 희년은 불가능하나 희년의 의미는 배워야 하며 희년을 거룩하게 해야 한다. 희년이란 "회복하다"란 의미의 용어에서 나온 말로 "양의 뿔"을 의미한다. 희년의 세가지 내용은 토지반환, 부채탕감, 노예해방이다. 희년은 신약에서 말하는 구원, 구속, 해방과 일치하는 복음의 선포이다. 하나님께서는 희년을 거룩하게 하라고 하신다. 더구나 올해는 통일 희년이라고 한다. 통일의 염원을 가지고 이 해가 진정 통일의 해가 되기를 바라고 모두가 구별하여 거룩하게 해야 할 것이다.

1. 희년규례의 궁극적 관심은 하나님 경외이다.

희년의 규례는 그 저변에 하나님 경외의 사상이 자리하고 있다. 하나님께서는 "하나님을 경외하라 나는 너희 하나님 여호와니라"라고 하신다. 희년의 중심사상은 여호와 경외였고 하나님을 경외해야 토지반환이나 다른 모든 것이 가능하다. 또한 희년의 뜻은 안식일과 안식년에 있다. 안식일의 의미는 쉼의 의미이다. 그냥 쉬는 것이 아니라 하나님께 경배하는 날이다. 안식년이란 사람만이 쉬는 것이 아니라 6년 경작후 제7년에는 땅도 쉬어야 한다. 뿐만 아니라 빚을 탕감해야 하며 노예를 해방하여야 하는 것이다. 인간의 안식이란 인간의 겸손이며 하나님을 인정하는 것이다.

2. 희년의 현대적 의미는 과다한 욕심의 절제이다.

토지는 정당한 댓가를 주고 샀다고 하더라도 안식년에는 쉬어야 하고 희년에는 돌려주어야 한다. 그런데 과다한 인간의 욕심은 돌려주지 않고 쉬게 하지 않고 계속 일하게 한다. 땅은 하나님의 것이어서 사거나 팔지 말라고 하였는데 하나님의 땅을 사람들은 욕심때문에 자기의 것인줄 알고 살아간다. 희년의 근본목적은 과다한 노동중독증에 걸린 사람들이 자신의 해를 무릅쓰고 일하는 것을 막기 위하여 쉬게하신 것이다. 희년에는 모든 사람에게 자기의 기업으로 돌아가게 하신다. 희년에는 토지를 다 물려주어야 한다. 왜냐하면 토지는 하나님의 것이기 때문이다. 과다한 욕심이 없는 사람은 언제나 희년을 산다. 절제하며 욕심을 배제하고 사는 사람들은 희년을 거룩하게 하는 사람들이다.

3. 희년은 동족에 대한 사랑과 관심을 요구한다.

희년의 중심은 하나님이시며 희년의 혜택의 대상은 동족이다. 동족에게 이자를 받기 위하여 돈을 꾸어주지 말며 가난때문에 노예가 되었으면 자유롭게 하라는 것이다. 사람이 가족에게 돌아가는 것이 하나님의 뜻이다. 그런 의미에서 볼 때에 동족을 노예로 삼고 인신을 구속하고 이자를 위하여 돈을 꾸어주는 것은 사람에 대한 잘못이 아니라 하나님께 대한 반역이다. 우리가 통일희년을 맞이하여 동족에 대한 사랑과 관심을 가지는 것이 통일을 준비하는 일이다. 분단을 지지하는 분단신앙을 철저히 회개하고 이산가족의 아픔을 함께 나누며 식량난으로 허덕이는 동족이 있는데 지나치게 먹는 것을 삼가하는 것이 희년을 실천하는 일이다. 희년은 결국 우리가 우리의 이웃에 대하여 나눔과 섬김의 자세가 있을 때에 현대적 의미가 살아난다. 하나님께서 우리에게 주신 통일희년의 해를 우리가 거룩하게 하여 그 의미를 되살리자.

주현절후 여섯번째 주일 Sixth Sunday after Epiphany

소재 : 황금조팝(Gold Meadow sweet)
  거베라(Gerbera daisy)
  카네이션(Carnation)
  잎모란(Cabbage rose)
  편백(Green Japanese cypress)

2월 셋째 주

본문: 시 32:1-2, 고후 5:14-19

교독문: 7, 시 16편
찬 송: 44, 410

은혜와 사명

사도바울의 신앙적 삶의 비결과 여호수아가 승리적인 신앙을 소유할 수 있었던 비결은 '은혜와 사명'이다. 사도바울이 여러 교회에 편지를 쓸 때마다 "하나님의 은혜로 사도가 된 나 바울은"이라는 명칭을 쓴다. 다시 말하면 사도바울은 자기의 모든 것이 하나님의 은혜라고 말하며 자신의 존재의 근거는 하나님이라고 한다. 사도바울의 삶은 하나님의 전적인 은혜로 말미암은 것이라고 말한다. 또한 이러한 은혜를 받은 사람은 그리스도께서 주신 사명을 위해서 살기 위한 삶이라고 사도바울은 말하고 있다. 하나님이 주신 은혜에 감사하며 보답하는 길은 사명감을 갖는 것이다.

1 그리스도의 사랑이 우리를 강권한다.

우리의 삶은 우리의 것이 아니라 하나님의 은혜가운데서 주어진 삶이라는 것을 다시 한 번 깨달아야 한다. 본문을 보면 "저가 모든 사람을 대신하여 죽으심은 산 자들로 하여금 다시는 저희 자신을 위하여 살지 않고 오직 저희를 대신하여 죽었다가 다시 사신 자를 위하여 살게 하려 함이니라"고 말한다. 은혜를 받은 사람은 반드시 사명감을 가져야 한다. 또한 사명감을 감당할 수 있는 사람은 하나님의 은혜가 있어야 한다.

2 그리스도안에 있으면 새로운 피조물

누구든지 그리스도안에 있으면 개인의 생활속에서 새로움이 될 수 있고 가정에서도, 사회에서도 새로운 피조물로 살 수 있다. 그리스도 안에서는 누구든지 새롭게 될 수 있다는 희망을 가지고 있다. 사도바울은 하나님의 백성을 핍박하는 사람이었지만 그리스도를 만나 새로운 사람이 되는 체험을 했다. 우리들은 과거의 삶속에서 우리를 누르고 억압하고 있지만 과거를 잊어버리고 과거를 용서해야 한다. 우리는 하나님의 은혜안에서 과거를 용서할 수 있을 때에 새로운 것을 시작할 수 있다. 비록 우리의 과거가 어떠하든지 하나님의 사랑은 크고 넓고 깊기에 우리의 과거를 회개하면 용서하시고 새로움을 주신다는 것을 기억하자. 하나님이 우리에게 주신 선물은 그리스도안에 있으면 누구든지 새롭게 출발할 수 있다는 은혜이다. 우리는 하나님의 은혜가운데 있기에 우리가 살아갈 때에 힘들고 어렵더라도 하나님께서 우리와 함께 계심을 믿고 승리하며 살기를 바란다. 고통가운데 하나님을 의지하고 따르면 기적이 일어난다.

3 은혜받은 자의 사명

하나님께서 이와같은 은혜를 받은 사람은 첫째, 반드시 그 은혜를 이웃에게 나누어 주는 사명이 있다. 기독교인의 신앙은 나누는 신앙이다. 내가 받은 은혜를 이웃에게 나누는 책임이 우리에게 있다. 한국교회는 어려움속에서도 많은 은혜를 받았다. 그 받은 은혜를 다른 나라에게 증거할 수 있어야 하며 아직도 많은 어려움을 당하는 자들에게 베풀어야 한다. 둘째, 우리는 사랑을 나누어 주어야 한다. 하나님의 사랑을 어려운 자들에게 베풀어야 할 사명이다. 셋째, 우리에게 화해의 사명감이 있다. 남북으로 분단되어 있는 조국이지만 화해의 도구로 이 땅에 오신 그리스도의 사랑으로 언젠가는 우리 민족이 화해할 날이 올 것을 확신하며 믿어야 한다. 예수 그리스도께서 우리들에게 화해자로 사명감을 주셨으니 어떠한 어려움이 온다고 해도 끝까지 사명감을 소유하길 바란다.

주현절후 일곱번째 주일 Seventh Sunday after Epiphany

소재 : 아가판티스(Agapanthus)
　　　백합(스타케이지)(Lily)
　　　스위스 썰란(Sweet sultan)
　　　셀로움(Selloum philodendron)

2월 넷째 주

본문: 시 23:1-6, 눅 22:35-38

교독문: 8, 시 19편
찬 송: 34, 422

부족한 것이 있더냐

사람이 부족을 느끼는 것은 긍정적인 면에서는 인간의 발전을 가져오고 부정적인 면에서는 불행을 자초한다. 부족함을 느끼지 않는 사람의 조건은 물질적인 조건이 하나도 없다. 물질은 행복하게 하는 하나의 조건은 될 수 있으나 행복의 절대적 조건은 아니다. 예수님의 수난준비 가운데 제자들에게 부족한 것이 있더냐고 하신 것은 제자를 파송하실 때에 물으신 물음의 재확인이다. 아무것도 가진 것이 없이 떠났지만 부족함이 없었던 것은 놀라운 일이었다. 아무것도 없었지만 부족함이 없는 것은 무엇 때문일까?

1. 말씀에 의지할 때에 부족함이 없었다.

제자들은 예수님의 말씀을 듣고 말씀대로 아무것도 가지지 않고 떠났다. 말씀에 의지하여 떠났을 때에 부족함이 없었고 복음전파에도 부족함이 없었다. 베드로는 말씀에 의지하여 깊은대로 가서 그물을 내렸을 때에 부족하던 것이 오히려 채워졌다. 아브라함은 양식을 의뢰했을 때에 기근을 만나 의뢰하던 것을 끊게 하셨다. 세상을 의존하면 있던 것도 끊어지지만 하나님을 의존하면 부족하던 것이 채워지고 늘 만족하게 된다. 그래서 다윗은 여호와는 나의 목자시니 내가 부족함이 없다고 하였다. 세상 모든 사람은 부족을 느끼지만 하나님을 의뢰하는 사람은 부족함이 없다.

2. 욕심을 버릴때에 부족함이 없다.

제자들은 여행을 위하여 아무것도 가지지 말고 지팡이나 주머니나 양식이나 돈이나 두 벌 옷을 가지지 말라고 하셨다. 그들은 욕심을 버리고 아무것도 없이 떠났을 때에 부족함이 없었다. 가지지 않으면 부족함이 없다. 그런데 가지려고 하니 부족함을 느낀다. 아무리 많은 것을 가져도 부족한 사람은 가난한 사람이며 아무리 없어도 부족을 느끼지 않으면 부유한 사람이다. 탐욕을 제거하려면 먼저 그 어미가 되는 사치를 제거해야 한다라는 말이 있다. 겸허하고 검소하게 살면 모든 것이 족하게 된다. 세상은 부족과 불만 투성이이다. 가진 자는 더 가지려고 하고, 없는 자는 가지려 하고, 많이 가진 자는 상실할까 두려워한다. 행복이란 우리의 손을 이웃을 위해 펼 때에 비로소 느낀다.

3. 다른 사람이 나의 부족을 채울 때에 부족함이 없다.

어느 집에 들어가든지 거기서 유하다가 거기서 떠나라고 주님은 말씀하신다. 아무것도 없이 떠나지만 영접하는 사람을 통하여 부족함이 없게 채워진다. 나의 부족을 다른 사람이 채우고 다른 사람의 부족을 내가 채울 때에 모두가 부족함이 없다. 나눔이란 모두가 함께 부족함이 없게 하는 비결이다. 거기서 유하다가 거기서 떠나라는 말은 그 집의 대접이 부족하다고 다른 집으로 옮기지 말라는 뜻이다. 그 집에 만족하지 못하고 떠나면 어느 집도 만족할 곳이 없다. 베드로는 많은 고기를 잡게 되었을 때에 친구들과 함께 나누었고 나누었을 때에 두 배에 가득하게 되었다. 혼자가 다 가지려면 혼자서도 모자라지만 두 사람이 다 가득 채워지는 것은 나눌 때에 가능했다.

마음의 과욕을 버리고 작은 것이라도 나눌 때에 기쁨은 두 배가 되고 고통은 반이 된다. 여호와를 목자로 삼고 언제나 부족함이 없는 만족의 삶을 살자.

주님의 산상변모일 Trans figuration of the Lord

소재 : 조팝나무(Bridal weath)
　　　칼라(Calla)
　　　금어초(Snaparagon)
　　　스프린게리(Spriengeri)
　　　스킨답서스(scindapsus aureus)

3월 첫째 주

본문: 삼상 10:1-6, 막 9:2-8

교독문: 9, 시 23편
찬 송: 40, 208

무엇을 위한 변화인가

최근에 가장 많이 듣는 말 가운데 하나가 "변화" 혹은 "개혁"이다. 변화란 반드시 좋은 것은 아니다. 잘못되면 변질도 되고 퇴화도 된다. 우리는 변화의 척도와 모습을 예수님에게서 발견해야 한다. 예수님의 변화는 우리의 변화의 그림자이며 우리도 이와같이 변화하게 될 것이다. 변화산의 주님의 모습은 우리 변화의 표본이며 현제의 영적 변화가 장차의 육적 변화의 표본이 될 것이다. 라파엘라는 그의 대표작 변화산에서 변화한 세계와 변화하지 못한 세계를 대조하고 있다. 변화하지 못한 세계와 비교해 볼 때에 변화한 세계의 의미를 알 수 있다. 예수님의 변화는 무엇을 위한 변화이었나?

1. 변화를 위한 변화가 아니다.

예수님은 변화 그 자체를 목적으로 하지 않으셨다. 누가복음의 변행귀에는 예수께서 기도하러 산에 올라가셔서 변화하셨다고 하였다. 기도가 목적이었지 변화가 목적이 아니다. 기도하는 중에 변화해야 하는데 많은 사람들은 변화하려고 기도한다. 모든 은사는 자기만족의 수단이 아니다. 모든 특별한 은사는 하나님의 선물로서 기도하는 가운데 주시는 것이지 인간의 욕망으로 지나치게 구하는 것은 좋지 않다. 변화해야 한다고 무조건 변화 자체를 요구하면 혼란이 오게 된다.

2. 자신을 위한 변화도 아니다.

예수님은 공생에 대부분을 갈릴리에서 보내셨다. 갈릴리전도의 말기가 되어 많은 핍박을 받았고 제자들은 아직도 예수님의 마음을 알지 못했다. 제자들은 예수님이 죽었다가 다시 살아난다는 말을 이해하지 못한 것이다. 이 때에 주님은 구약의 대표자인 모세와 엘리야와 함께 십자가의 일을 의논하셨다. 베드로는 이 광경을 보고 초막 셋을 짓겠다고 제의하였으나 주님은 허락하지 않으셨다. 예수님을 위한 초막이 변화의 목적이 아니기 때문이다. 사회적 변화란 자신을 위한 것일 수 있다. 그래야 일류가 되고 치열한 생존경쟁에서 살아남게 될 것이다. 그러나 기독교적 변화는 여기에 머물면 안된다.

3. 세상을 위한 변화이다.

산 위에서 있던 세 제자들이 황홀경을 맛보고 있을 때에 산 아래에서는 간질병에 걸린 한 아이를 고치려고 나머지 제자들이 애쓰고 있었다. 주님의 변화는 산위에서의 초월감을 맛보기 위해서가 아니라 산 아래의 사람들을 위한 것이다. 아버지의 믿음을 고치셨고, 이들의 병을 고치셨고, 제자들의 약함을 고치셨다. 변화한 사람은 세상으로 나아가야 한다. 변화하지 않고 나아가는 것도 문제지만 변화하고 나아가지 않는 것도 문제이다.

변화하기 전에는 악을 끼치는 존재이지만 변화한 후에는 주님의 도구가 된다. 세상을 위해 변화하고 주님을 위한 변화의 도구가 되자.

사순절 첫번째 주일 The First Sunday of Lent

소재 : 버들(Willow)
　　　 금어초(Snapdragon)
　　　 아네모네(Anemone)
　　　 종려잎(Fan palm)

3월 둘째 주

본문: 출 15:22-27, 요 4:13-14

교독문: 10, 시 27편
찬 송: 9, 221장

마라의 쓴 물

이스라엘 백성들이 출애굽한 후 진퇴양난의 홍해를 벗어나서 찬양을 부른다. 그러나 찬양은 얼마가지 못하고 그들은 다시 원망과 불평이 생겼다. 하나님께서 구원하시고 인도하는 백성도 마라의 쓴 물을 만나고 배고픔과 고기 생각으로 고민하며 아멜렉과 전쟁도 해야 한다. 하나님과 함께 간다고 시험이 없는 것이 아니며, 하나님께서 지시하신다고 고통이 변제되는 것도 아니다. 마라의 쓴 물을 만났을 때에 하나님은 모세에게 나무를 던지게 하고 쓴 물을 단 물로 바꾸시며 백성들에게 치료하는 하나님인 것을 알게 하신다.

1. 우리가 사는 세상은 그냥 두면 쓴 물에 불과하다.

수르 광야를 지나 사흘 길을 간 백성들은 그동안 가지고 왔던 물도 없어지고 갈증으로 고통을 당한다. 그들의 찬양과 물은 사흘을 버티는 것에 불과했다. 물이 없어지자 그들은 불평하였고 그들의 신앙은 물 신앙에 불과하였다. 지금도 마라에는 많은 우물들이 있는데 먹을 수 없는 물이라고 한다. 먹을 수 없는 물을 이렇게 많이 파 놓는 것이 인간의 헛수고라는 것이다. 인간의 수고란 없어서 고통을 당하다가 천신만고 끝에 얻은 것은 쓴 물에 불과한 것이다. 우리가 바라는 것은 더 좋은 세상이지만 결국 인간은 유토피아와 거리가 먼 디스토피아로 가고 있는 것이다.

2. 하나님의 말씀은 쓴 세상을 단 세상으로 바꾼다.

백성들의 원망에 모세는 하나님께 기도한다. 모세도 얼마든지 원망할 수도 있고, 오지 않으려 했는데 오게 했다고 불평할 수도 있지만 그는 기도하였다. 모세의 이러한 간절한 기도는 불평 잘하는 백성들을 끝까지 인도하고 가나안에 들어가게 한 비결이다. 하나님은 그에게 한 나무를 지시하시고 나무를 물에 넣었을 때에 물은 달게 되었다. 나무가 문제가 아니라 하나님이 달게 하신 것이다. 엘리사가 소금을 넣어 물을 좋게 한 것도 소금 때문이 아니라 하나님의 능력 때문이다. 영적으로 나무는 그리스도의 십자가를 상징한다. 쓴 세상에 그리스도의 십자가는 단 세상으로 바꾸고 주님이 마신 쓴 잔이 우리에게는 단 물이 되었다.

3. 단물이 목적이 아니라 하나님이 치료자이심을 알게 하는 것이다.

광야에서는 물이 필수적이지만 하나님의 목적은 물이 아니라 하나님이 누구인가를 알게 하는 것이다. 하나님은 치료자이시다. 물을 치료하실 뿐만 아니라 사람의 병을 고치고 사람의 심령을 고치신다. 인간의 온갖 심령의 병을 고치셔서 치료하시는 분이다. 돈을 의뢰하던 사람에게 돈을 끊어 고치고, 양식을 의뢰하던 아브라함에게 양식을 끊어 기근을 만나게 하시며 물을 의뢰하던 백성에게 쓴 물을 주어 하나님이 치료자이심을 알게 한다.

우리는 그리스도의 십자가로 말미암아 더이상 쓴 물을 마시지 않는다. 아직도 마라의 쓴 물로 고생하는 사람은 그리스도의 십자가의 보혈로 단 물을 마시고 마라의 단 물과 함께 살아야 한다.

사순절 두번째 주일 The Second Sunday of Lent

소재 : 캄파눌라(Campanula punctata, Bell Flower)
　　　스타치스(Statice)
　　　장미(Rose)
　　　드라세나(Dracaena)
　　　후리지아(Freesia)

3월 셋째 주

본문: 사 22:15-25, 마 16:17-20

교독문: 11, 시 28편
찬 송: 13, 439

네가 여기에 무슨 관계가 있느냐

셉나는 이방인으로서 하나님을 떠나 애굽을 의지한 친애굽파 지도자이다. 그는 국고를 맡고 궁을 차지한 사람이었으므로 상당한 권력을 가지고 있던 사람이었다. 그러나 하나님은 그가 묘실을 팠을 때 "네가 여기에 무슨 관계가 있느냐"고 하셨다. "너는 이곳에 무슨 상속권이 있느냐"라는 뜻이다. 셉나는 자신의 권력을 이용하여 백성을 오도하고 재물을 모으고 묘실을 팠다. 하나님은 이러한 셉나를 용납하지 않으시고 그의 권력을 엘리아김에게 주셨다. 엘리아김에게 주신 하나님의 은혜를 보고 은혜를 빼앗기지 않도록 하자.

1 네 옷을 그에게 입히겠다.

하나님은 셉나의 옷을 벗기어 엘리아김에게 주시겠다고 하셨다. 옷이란 사람의 신분과 권세를 상징하는 것이다. 옷과 띠를 준다는 것은 관직을 준다는 것이다. 옛날에 관직을 나갈 때는 관복을 임금이 직접 하사하였다. 옷을 물려준다는 것은 기능과 능력을 물려준다는 의미이다. 엘리야는 엘리사에게 그의 옷을 물려줌으로 후계자로서 일을 하였다. 우리 말에 옷을 벗었다는 것은 공직에서 물러났다는 의미이다. 더구나 옷 벗김을 당했다는 것은 최대의 수모를 말한다. 셉나는 하나님께로부터 가장 큰 수모를 당한다. 왜냐하면 자신의 권리를 이용하여 사욕을 채우고 백성을 오도하였기 때문이다.

2 다윗의 집 열쇠를 준다.

하나님은 엘리아김에게 다윗의 집 열쇠를 주겠다고 하셨다. 열쇠를 가진 자는 집안의 출입이 자유롭고 모든 살림을 관장한다. 열쇠란 집을 관장하는 절대조건이다. 이 열쇠는 왕이 절대로 신임하는 자에게 주는 권한의 위임이다. 다윗 집의 열쇠란 다윗의 후손으로 오실 메시야의 주권을 상징한다. 예수님은 다윗의 열쇠를 가진 절대 권력자이다. 예수님은 이러한 권력을 베드로에게 주셨다. 셉나는 국고를 맡고 있던 재무상이다. 그에게서 열쇠를 빼앗았다는 것은 나라 살림 전체를 거두웠다는 것을 의미한다. 국고를 자기 마음대로 사용하여 국고를 낭비하고 곳간을 헤프게 한 것을 하나님은 용납하지 않으셨다.

3 단단한 곳에 박힌 못 같이 견고하게 하신다.

하나님께서 엘리아김에게 견고한 지위를 주신다고 하신다. 못이란 견고한 것을 의미하는데 잘 박힌 못은 박기도 힘들지만 빼기도 힘들다. 그리스도를 믿는 자들은 하나님께서 견고한 못같이 든든하게 하신다. 하나님의 사랑의 견고성은 누구도 흔들지 못한다. 그리스도를 믿는 자들에게 "주께서 너희를 그리스도의 날에 책망할 것이 없는 자로 끝까지 견고케 하리라(고전 1:8)"고 하신다. 이러한 견고한 신앙은 하나님이 주시는 선물이다.

셉나와 같이 은총을 빼앗기는 자가 되지 말아야 한다. 가롯유다도 사울도 은총을 빼앗긴 사람들이었다. 하나님의 은총을 잘 지켜 하나님 나라의 충성된 종들이 되자.

사순절 세번째 주일 The Third Sunday of Lent

소재 : 삼지닥(착색)(Paper bush, Nitsumeda)
　　　금어초(Snapdragon)
　　　거베라(Gerbera daisy)
　　　후리지아(Freesia)

3월 넷째 주

본문: 잠 22:1-6, 딤후 3:1-6

교독문: 12, 시 32편
찬 송: 27, 55

유산을 남기지 맙시다

우리 사회의 가장 큰 갈등의 요인은 가정의 파괴이다. 효의 파괴는 가정의 파괴이고 가정의 파괴는 곧 사회의 파괴이고 사회의 파괴는 곧 인류의 파괴이다. 인류가 파괴되고 패륜적 사회병폐들이 발생하는 까닭 가운데 하나는 유산문제이다. 유산을 줄거라고 기대하니 안주면 섭섭하고 불공평하게 느끼니 어머니나 형제들을 고소하고 함께 법정에 서고 심지어 부모에 대하여 패륜적 행위를 하게 된다. 최근에 기독교를 중심으로 '유산 안남기기 운동'을 하는 것은 무척 고무적인 일이다.

1 유산의 성경적 의미

구약에서 유산이란 개인을 위한 재산물림의 성격보다 공동체를 위한 나라를 강조하고 있다. 민수기와 신명기에 유산이란 말이 많이 나타나는데 왜냐하면 개인을 위해서가 아니라 가나안이라는 하나님의 약속의 땅을 강조하기 때문이다.

하나님의 유산은 이스라엘 공동체를 위한 것이었고 백성들에게 주신 공동적인 유업이었다. 신약에서는 유산의 개념이 좁아져서 예수께서 유산의 상속자이고 그리스도인은 하나님의 자녀권을 가진 자로서 상속권도 물려받는 것을 의미한다. 그러므로 성경이 말하는 유산이란 물질적인 것이 아니라 영적인 것이며 개인적인 것이 아니라 공동체적인 것이다.

2 물질적 유산은 남기지 말자.

물질이란 인간의 삶의 질을 풍요하게 하는 한 요소이지만 절대적인 요소는 아니다. 물질을 물려주어야 자녀가 풍족하게 되는 것이 아니라 정신이 포함되어야 한다. 현대인은 예지인인 호모 사피엔스를 만드는 것이 아니라 기술인인 호모 파버를 만드는데 열중한다. 자녀를 물질적 부자로 만들지 말아야 한다. 부자는 돈이 많은 사람이 아니라 돈을 생의 목적으로 사는 사람들이다. 세상에는 돈이 있어도 심령이 가난한 사람이 있고 돈이 없어도 심령이 부자인 사람도 있다. 물질적 유산은 하나님의 나라를 유업으로 받을 수 없고 물질적 유산이란 썩을 유산이다.

3 신앙적 유산을 남기자.

현실적으로 볼 때 유산을 많이 남겼다고 부모를 공경하고 안 남겼다고 존경하지 않는 것은 아니다. 효성은 신앙의 척도이다. 베드로와 요한이 기도 시간에 성전에 들어갈 때에 걸인을 만나게 되었고 은과 금은 없지만 나사렛 예수의 이름으로 일어나 걷게 하였다. 그들은 돈을 공동체를 위하여 드렸기 때문에 은과 금도 없었고 은과 금이 없는 그들은 나사렛 예수의 이름으로 걷게 하는 능력이 있었다. 우리가 자녀에게 은과 금을 주어 앉은뱅이로 살게 할 것인가 아니면 은과 금이 없지만 일어나 걸으며 성전에 들어가며 스스로 일하게 하며 일하여 얻은 돈의 가치를 알게 할 것인가는 우리의 결정이다.

신앙의 유산으로 자녀의 심령이 가난한 자가 되게 하여 하나님의 나라를 유산으로 받게 하자. 하나님이 주신 물질의 축복을 자녀에게만 물려주는 좁은 유산이 아니라 공동체를 풍요하게 하는 넓은 유산이 되게 하자.

사순절 네번째 주일 The Fourth Sunday of Lent

소재 : 화살나무(Winged spindletree)
 안스리움(Anthurium)
 석죽(Sweet william)
 스토크(Stock)
 후리지아(Freesia)

4월 첫째 주

본문: 출 24:6-8, 마 26:26-29

교독문: 13, 시 34편
찬 송: 44, 348

성찬의 삶

성찬 혹은 성만찬이란 주님이 제자들과 함께 나누신 식사를 의미한다. 원래는 "축사하다"는 의미에서 나온 말로서 가장 중요하고 배불리 먹은 뒤 대화하는 시간이었다. 성찬의 상은 성도들의 친교의 장소요, 주님의 죽으심과 하나님의 아들을 믿는 믿음을 의미하는 것이다. 예수님이 자기 희생으로 하나님과 인간 사이의 새로운 관계를 여신 일이다. 특히 성찬은 구약의 희생제사에 적용되어 희생제사의 위대한 행위가 성찬인 것이다. 성찬을 통하여 성도들은 주님의 고난에 동참하여 예수님의 생명에 접붙힘 받음을 확증하고 한 몸과 한 피를 받은 형제, 자매와의 영적 교제를 이루는 것이다.

1. 성찬은 나눔이며, 완전히 주는 것이다.

예수님께서 떡을 떼어주신 것은 자신의 것이었으며 줌으로 남기지 않는 것이었다. "사람이 친구를 위하여 목숨을 버리면 이보다 더 큰 사랑이 없느니라"고 하신 주님은 목숨을 버리시므로 가장 큰 사랑을 보이신 것이다. 나눔에는 희생이 따라야 한다. 젊은 부자관원의 잘못은 많이 소유하고 있다는 것이 아니라 소유를 나누지 못한데 있었다. 소유는 나눌 때에 의미가 있고 나눌 때에 희생이 따르게 되는 것이다. 또한 나눔이란 생명을 얻는 일이다. 예수님께서 나누어 주신 떡과 포도주는 살과 피로써, 주심으로 희생이 따랐고 주심으로 많은 생명을 얻으신 것이다.

2. 떡을 주신 것은 몸을 주라는 의미이다.

주님은 떡을 주시며 "이것은 떡이다"라고 하지 않으시고 "이것은 내 몸이다"라고 하셨다. 주님이 주셨고 진정코 주시기를 원하신 것은 떡이 아니라 몸이었다. 떡은 상징이지만 실제로 주님이 주신 것은 몸이었다. 우리에게 성찬의 의미는 떡을 먹는 것이 아니라 몸을 주는 것이다. 아무리 떡을 먹고 포도주를 마신다고 하더라도 내 몸을 주는 희생이 없으면 성찬은 아니다. 그러므로 사후 장기기증은 구체적인 성찬의 삶이다. 주님께서 주시고 기념하라고 하신 일을 우리도 구체적으로 몸을 주는 삶을 통하여 실천해야 한다. 장기는 줌으로 또다른 생명을 살리는 희생제사인 것이다.

3. 포도주를 주신 것은 피를 주라는 의미이다.

주님은 다시 포도주를 주시며 "이것은 나의 언약의 피다"라고 하셨다. 주님은 포도주를 마시게 하신 것이 아니라 주님의 피를 마시게 하신 것이다. 피는 곧 생명인데 주님은 생명을 주심으로 우리를 살게 하신 것이다. 포도주를 마시고 감격하고 고난을 생각한다고 하더라도 우리가 피를 주는 일이 없으면 참된 기념은 안된다. 그러므로 헌혈이란 구체적인 성찬의 삶이다. 헌혈을 통하여 죽어가는 생명을 살리는 일은 구체적인 생명운동이며 성찬의 삶인 것이다.

사색적인 기독교가 아니라 실천적인 기독교가 되기 위하여 장기를 기증하고, 헌혈을 실천함으로 살아있는 기독교인으로 성찬의 삶을 살아야 한다.

사순절 다섯번째 주일(성찬식) Holy Communion

소재 : 조팝(Meadow sweet)
　　　장미(Rose)

4월 둘째 주

본문: 사 56:7, 막 11:12-19

교독문: 58, 종려주일
찬 송: 21, 131

고난주간의 교회

고난주간을 사는 우리들은 어떠한 자세로 살며 교회는 어떠한 모습이 되어야 할까? 주님의 고난주간을 함께 생각하며 고난주간의 교회의 모습을 점검해 본다. 복음서의 기사는 예수님의 33년의 공생애를 기록하고 있다. 그 가운데 대부분이 3년의 공생애에 대한 기록이다. 또한 3년의 공생애의 기록들 가운데 삼분의 일이 마지막 한 주간인 고난주간에 관한 기록이다. 그만큼 고난주간은 예수님의 전 생애에 있어서 가장 중요한 기간이다. 예수님의 전 생애가 의미있고 중요한 생애이지만 특별히 고난주간의 일을 보며 교회의 바른 모습을 생각해 본다.

종려주일은 예수님의 고난의 시작이다. 그래서 고난주일이라고 부르기도 한다. 주님은 겸손하셔서 나귀를 타셨지만 많은 사람들은 무릎을 꿇고 자기의 옷을 벗어 나귀의 길가에 깔았다. 겸손한 자는 굴복시키고, 스스로 자신의 귀한 옷을 천한 길에 깔게 한다.

월요일은 먼저 무화과를 저주하셨다. 잎만 무성하고 열매가 없는 무화과를 저주하신 것이다. 있어야 할 열매를 맺지 못하고 다른 사람에게 유익을 주지 못하는 나무는 저주의 대상이 되는 것이다. 같은 날에 성전을 숙청하셨다. 성전을 깨끗케 하신 이유는 없어야 할 것이 성전안에 너무나 많이 있었기 때문이다.

화요일에는 많은 비유와 논쟁의 말씀을 하신 날이다. 가장 기록이 많은 날이다. 이 날의 논쟁은 주로 주님의 권세와 하나님께 대한 논쟁이다. 여러가지 비유를 말씀해주신 날도 이 날이며 종말에 관한 비유를 하신 날도 이 날이다.

수요일에는 한 여인을 통하여 기름부음을 받으시고 가롯유다의 배신을 당하신다. 보잘 것 없는 한 여인에게는 대접을 받지만 3년이나 정성으로 훈련시킨 제자에게는 배반당하게 된 것이다. 유다가 예수님을 배반한 것도 사단이 그에게 들어가 시험한 것이다.

목요일에는 제일 일을 많이 하셨다. 최후의 만찬을 잡수시고, 제자들의 발을 일일히 다 씻겨 주셨고, 베드로가 주님을 부인할 것을 예고하시고, 다락방 강화를 말씀해 주셨고, 겟세마네 동산의 기도를 마치신 다음 잡히시게 된 날이다. 최후의 만찬을 통하여 자신을 주시며 희생제물되심을 미리 보여주셨고 다락방 강화를 통하여 구체적으로 위로와 대제사장의 기도를 해 주셨다.

금요일에는 아침에 심문을 받으시고 십자가에 박히시고 오후에 돌아가시며 아리마데 요셉의 무덤에 계신 날이다. 로마 군인들은 예수님이 부활하지 못하도록 몇 겹으로 무덤을 지켰지만 이것이 오히려 예수님이 부활하신 증거가 되고 말았다. 예수님은 교권자들에 의하여 불법재판을 받아 십자가에 달리셨지만 결국 이 모든 것은 부활의 증거가 된다.

토요일에는 무덤에서 쉬시고 안식후 첫날에 부활하신 것이다. 고난주간에 교회는 예수님의 부활을 맞이할 수 있도록 있어야 할 것이 있게 하고, 없어야 할 것을 제거하며 성찬을 통하여 자신을 주신 주님을 묵상하며, 우리도 이웃에게 우리의 생명을 희생제물로 주며 서로 발을 씻기는 사랑을 가지고 골고다에까지라도 갈 수 있는 교회가 되어야 할 것이다.

종려주일, 수난주일 Palm Sunday, Passion Sunday

소재 : 화살나무(Winged spindle tree)
　　　연산홍(Rose bay azalea)
　　　거베라(Gerbera daisy)
　　　종려잎(Fan palm)
　　　리시안서스(Prairie gentian)
　　　스타치스(Statice)
　　　조화(Imition flower)

4월 셋째 주

본문 : 사 62:10-11, 요 11:35-44

교독문 : 62, 부활절
찬 송 : 154, 150

무덤에서 돌을 옮겨놓아라

예수님이 부활하시기 전에 이미 살리신 사람들이 있었다. 야이로의 딸과 나인성 과부의 아들과 나사로였다. 이 세사람은 먼저 살았지만 예수님의 부활과는 다르다.
부활이란 살아서 다시 죽지않은 것을 의미하는데 이들은 또 죽었다. 그러므로 다시 산다는 그 자체가 목적이 아니라 말씀이 목적이었다. 그러나 예수님의 다시 사심은 그 자체가 중요한 목적이었다. 나사로를 살리실 때에 주님은 무덤앞에 가셔서 "돌을 옮겨놓아라"고 하셨는데 이 말씀은 굉장히 강한 명령이다. 돌이 있어도 얼마든지 부활하실 수 있고 사람을 살릴 수 있는 주님이 돌을 옮겨 놓게 하신 이유가 무엇인가?

1. 돌이 하나가 되게 하신 동작이다

에베소서 2:14에는 "그는 우리의 화평이신지라 둘로 하나를 만드사 중간에 막힌 담을 허시고"라고 하였다. 중간에 막힌 담은 둘이 하나가 되게 하는데 큰 장애였다.
삶과 죽음을 구분하고, 기쁨과 슬픔을 나누고, 희망과 절망을 구분하고, 생을 단절하는 도구였다. 둘이 하나가 되게 하신 주님은 먼저 주님과 나사로 사이에 가운데 가로막혀 있는 돌문을 옮겨 놓으라고 하신 것이다. 이 세상은 장벽 투성이다. 장벽으로 온통 세상은 상처뿐이다. 현대인은 장벽을 만들기는 좋아하지만 다리를 놓기는 싫어한다는 말이 있다. 예수님은 이 땅에 파벽자로 오시고 장벽은 없어졌다고 선언하신다. 우리도 주님의 부활과 함께 장벽의 신화에서 해방되고 파벽의 증인이 되어야 한다.

2. 부활을 확증하게 하신 것이다

새로운 세기는 근대 구라파의 교회와 같이 쇠퇴할 것이라고 한다. 그러나 기독교 사학자들은 구라파 교회는 기독교가 가지고 있는 예언자적 기능에 지나치게 치중하였기 때문이라고 한다. 기독교는 예언자적 기능과 영성적 기능을 가지고 있는데 구라파교회와 같은 전철을 밟지 않기 위해서는 연성적 기능을 회복하여야 한다. 영성이란 기독교 진리의 가장 깊은 곳에 서는 것이다.
화이트헤드는 말하기를 "현대교회는 고대교회보다 사회에 주는 영향이 약해졌다"고 하였다. 왜냐하면 교회가 영성을 상실하였기 때문이다. 사회의 악한 영성에 대하여 교회의 거룩한 영성이 약하기 때문에 사회에 대한 대처능력을 상실하였다. 영성적 재발견이 한국교회를 새롭게 하고 쇠퇴하지 않게 하는 비법이다.

3. 21세기를 준비하는 교회

돌이 있어도 살게 하실 수 있는 주님이 돌을 옮겨놓게 하신 것은 다시 사는데 장애가 되는 여러가지 생의 문제를 제거하라시는 말씀이다. 새로운 삶을 살려면 얼마든지 장애물들이 있다. 죽음의 세계에서 새로운 생명의 세계로 나오기 위해서는 장애물을 제거해야 한다. 돌이란 장애를 의미하는데 돌을 제거해야 평탄한 길이 된다.
원래 돌문은 짐승들이 시체를 파먹지 못하게 하려고 무거운 것으로 막았다고 한다. 죽은 시체는 짐승들이 달려들지만 살아있는 생명은 짐승이 해치지 못한다. 살아있는 사람은 짐승보다 강하기 때문이다.
돌문을 여시고 새생명으로 부활하신 주님은 장벽과 장애의 미로속에 사는 우리들에게 이것을 극복하고 사는 힘이 되신다.

부활주일 Easter sunday

소재 : 천사(Engel)
　　　설유화(Thuberg spirea)
　　　백합(Lily)
　　　안개(Gypsophila)
　　　엔젤헤어(Angel hair)

소재 : 백합(Lily)
　　　안개(Gypsophila)
　　　스프링게리(Springeri aspargus)
　　　명자란(polygonatum)

4월 넷째 주

본문: 사 56:1-13, 눅 7:36-38

교독문: 14, 시 46편
찬 송: 50, 93

나의 눈물을 주의 병에

다윗은 이스라엘군의 성군이며 가장 이상적 왕이었으며 오실 메시아의 그림자였다. 다윗은 성서의 인물 가운데 가장 성공적인 삶을 살았고 동시에 가장 극적인 삶을 살았다. 그러나 다윗의 삶이 순경 가운데 이루어진 삶이 아니라 역경 가운데 이루어진 삶이었다. 청년기에는 사울의 박해로 생명의 위협을 당하는 개인적 환난의 기간이었다. 장년기에는 왕이 되어 블레셋을 위시한 많은 변방과의 전쟁에서 쉴새없이 위협을 느껴야했던 국가적 환난의 기간이었다. 노년기는 가정의 불화로 아들이 아버지를 죽이려고 하는 가정적 환난의 기간이었다. 다윗이 환난을 극복하는 말씀을 들어보자.

1 실의 가운데 하나님의 은혜를 간구한다

다윗은 원수가 대적하며 생명의 위협을 당하는 어려움 가운데서 하나님께 긍휼을 구한다. 혼자 해결할 수 없는 어려움을 당할 때에 다윗은 하나님께 부르짖었다. 우리가 세상에서 피할 수 없는 환난을 만났을 때는 하나님께 부르짖어야 한다. 하나님께 의뢰하고 부르짖는 것은 신앙인의 기본 자세이다. 성경은 예수님께 긍휼을 구하는 자에게 한번도 외면하신 적이 없다. 아비가 자식을 불쌍히 여김같이 여호와께서 자기를 경외하는 자를 불쌍히 여기신다고 하셨다. 우리가 하나님을 똑바로 보게 하시려고 하나님께서 우리를 똑바로 눕히신다고 하셨다.

2 눈물을 주의 병에 담아주시기를 구한다

다윗은 하나님께서 그의 편에 계심을 믿고 아무도 알 수 없는 고통을 그의 편에서 도우시는 하나님께 구한다. 우리의 괴로움은 하나님께서 다 기억하시고 계수하신다. 예수님도 세상에 계실 때에 눈물을 흘리셨다. 예수님의 눈물에는 인간으로서의 아픔이 있었고 신으로서의 고통이 있었다. 하박국은 고통 가운데서 하나님께 아픔을 얘기하지만 "의인은 믿음으로 말미암아 살리라"는 해답과 함께 다시 힘을 얻는다. 바울은 자신이 약할 때에 곧 강하다고 하셨다. 주께서 계수하신다는 사실을 아는 사람은 외롭지 않고 힘을 느낀다. 우리의 모든 눈물은 하나님께서 계수하신다.

3 다윗은 회복하여 찬송한다

다윗은 다시 회복하여 찬송한다. 그의 찬송의 근거는 그의 눈물을 하나님의 병에 담으셨다는 확신이다. 밤이 지나면 아침이 오고 그늘진 곳에 햇살이 비취듯 다윗의 마음에 힘이 생긴다. 그의 고민과 해결할 수 없는 어려움이 하나님의 심리로 해결된 것을 알고 승리의 개가를 부르고 찬송하며 감사한다. 고무나무의 껍질에 상처를 내야 즙을 내고 고무를 생산하게 된다. 완전한 세계, 흠이 없는 세계에서 위대한 것이 이루어지는 것이 아니라 위기와 고통을 딛고 일어선 세계에서 위대한 것이 나온다.

앙드레 지드는 마귀의 협력없이 위대한 예술이 나오지 못한다고 하였다. 개인, 가정, 국가의 위기와 환난이 있을 때마다 우리의 고통을 주님께 알리고 위대한 것을 이루고 종래는 감사와 찬송을 돌리는 우리가 되자.

부활절 두번째 주일 The Second Easter sunday

소재 : 설유화(Thubergs spirea)
　　　 백합(Lily)
　　　 미리오(Ming fern)
　　　 엔젤헤어(Angel hair)

4월 다섯째 주

본문: 사 51:1-3, 행 8:4-8

교독문: 15, 시 51편
찬 송: 36, 344

복음을 믿는 길

성경은 복음의 세계화를 말한다. 예수께서 예루살렘과 온 유대와 사마리아와 땅끝까지 가서 복음을 전하라고 하신 것은 복음의 세계화를 선언하신 것이다. 사도행전은 전체가 사도행전1:8의 설명이다. 예루살렘에서 시작된 복음이 땅끝까지 전래되는 과정을 설명하고 있다. 사마리아에 전파된 복음은 빌립을 통하여 온성에 큰 기쁨을 줄만큼 전해졌다. 성령강림 이전에는 사마리아는 이방 취급을 받아서 가지도 않았지만 이제 모든 장벽을 제거하고 사마리아로 들어가서 복음을 전하는 제자들을 통하여 복음의 세계화를 볼 수 있다. 사마리아인들을 통하여 복음을 믿는 길을 보자.

1 들었다

그들은 먼저 말씀을 들었다. 듣는 것은 복음을 믿는 첫번째 길이다. 듣는 것은 가장 기초적인 교육과정이지만 이것이 없으면 좋은 교육이 될 수 없다. 잘 듣는 사람이 잘 따르고 잘 실천하고 잘 성장한다. 그래서 성경은 믿음은 들음에서 난다고 한다. 듣는 것은 구원의 중요한 걸음이다. 잘 들어야 구원에 이를 수 있다. 하나님은 순종이 제사보다 낫고 듣는 것이 수양의 기름보다 낫다고 하신다. 듣지 않고 일만 하면 불평이 생기고 귀가 있어도 들리지 않으면 일하지 못한다. 듣는다는 것은 말하는 것의 기초이다. 잘 들어야 말할 수 있는데 우리가 나가서 전하기 위해서는 먼저 잘 들어야 한다.

2 보았다

그들은 빌립이 행하는 표적도 보았다. 보는 것은 듣는 것 보다 높은 단계의 신앙의 길이다. 표적은 그 당시의 전도의 굉장한 비중을 차지한 도구였다. 아무리 많이 들어도 한 번 보는 것만은 못하다. 그러므로 듣기만 할 것이 아니라 분명히 보아야 한다. 보는 것은 분명한 의식의 세계를 의미하는데 신앙의 세계에도 듣는 것에서 보는 것으로 분명한 신앙적 인식의 세계로 성장해야 한다. 욥은 이제까지는 하나님을 듣기만 했는데 이제는 눈으로 하나님을 봅니다라고 고난 가운데서 고백한다. 환난을 통하여 하나님을 볼 수 있는 단계를 올라간 것은 신앙의 성장이었다. 예수님 당시의 사람들은 표적을 보고도 좇지 못하고 표적 뒤에 있는 먹는 일에만 관심이 있었다. 보고도 못믿는 둔한 눈이 있다.

3 좇았다

복음을 믿는 세번째 단계는 좇는 것이다. 신앙은 인식의 세계에 있는 것이 아니라 우리의 결단적 실천이다. 신앙은 행위가 있어야 비로소 완전한 것이 될 수 있다. 사람이 살아 있을 때에 사람의 구실을 할 수 있듯이 신앙도 살아 있을때에 신앙의 구실을 할 수 있다. 바울은 그래서 "배우고 확신한 일에 거하라"고 하였고, "너희는 내게 배우고 받고 듣고 본 바를 행하라"고 하였다. 행함이 없는 신앙은 죽은 것이나 마찬가지이다. 선한 사마리아인의 비유에서 주님의 결론적 말씀은 "가서 너도 이와같이 하라"는 것이다. 이웃을 아는 일이 중요한 것이 아니라 가서 행하는 실천적 삶이 신앙이다.

이 세단계의 복음을 믿는 길을 잘 좇아 성숙한 그리스도인이 되자.

부활절 세번째 주일   The Third Easter sunday

소재 : 백합(Lily)
　　　금어초(Snapdragon)
　　　안개(Gypsophila)
　　　고비잎(Osmund)

5월 첫째 주

본문 : 삼상 3:1-9, 마 18:1-6

교독문 : 71, 어린이 주일
찬 송 : 13, 300

어린이를 부르시는 하나님

사무엘은 그의 어머니 한나가 기도로 낳은 아들이다. 한나는 자신의 욕심 때문에 아들을 구한 것이 아니라 하나님께 드리기 위하여 아들을 원했고 아들을 낳아 젖을 떼자 아들을 서원한대로 성전에 보내 자라게 했다. 하나님은 성전에 있던 사무엘을 부르셨고 장차 이스라엘 나라를 맡기실 준비를 하셨다. 사무엘은 하나님이 부르실만한 이유가 있었고 엘리가 아닌 사무엘을 부르신 하나님은 지금도 어른이 아닌 어린이를 부르시고 어린이를 천국의 주인이라고 하신다. 어린이를 부르신 이유는 무엇인가?

1 교회가 당면한 과제

어른들은 세상을 바라보고 세상의 손익에 따라 자신의 태도를 달리한다. 자신에게 이익이 되면 행동을 달리하고 손해가 되면 몸을 사리는 것이 어른들이다. 그래서 원래의 자신이 아닌 제2의 자신을 만들어 간다. 그러나 어린이는 상황에 구애받지 않고 자신의 생각대로 반응한다. 이익 때문이 아니라 자신의 생각대로 반응하는 것이 어린이다. 미국에서는 어른들의 증언은 증거물을 요구하지만 어린이의 증언은 증거물 없이 재판부가 채택한다. 어린이는 진실하기 때문에 예수님은 하늘나라가 어린이의 것이라고 하였고 모두가 어린 아이 같아야 하나님의 나라에 들어갈 수 있다고 하셨다.

2 잘 배우기 때문이다

어린이는 무엇이나 잘 배운다. 세상에서 가장 현명한 사람은 무엇에서나 배우는 사람인데 어린이는 무엇에서나 배우기 때문에 어린이가 가장 현명하다. 어른들은 자신의 아집이나 고정관념 때문에 배우지 못하지만 어린이는 이러한 것들이 없기 때문에 언제나 배운다. 쉽게 받아들이는 어린이는 열려 있기 때문에 늘 성장한다. 어린이의 교육은 어느 한 사람이나 한 기관에서 이루어지는 것이 아니라 모든 사람이 함께 해야 할 일이다. 무엇에서나 배우는 아이들에게 잘 가르치고 모범이 되는 어른들이 되어야 하고 우리의 말과 행동과 생각이 어린이들에게 가르침이 되어야 한다. 이것이 부모와 모든 기성세대들에게 주신 책임이다.

3 단순하기 때문이다

어른들은 항상 어떤 말 뒤에 있는 의미를 생각하지만 어린이들은 단순하게 믿는다. 어린이들에게 장래 희망을 물으면 어린이답지 못하게 대답하는 것은 어른들의 요구를 알기 때문이다. 어린이는 단순하기 때문에 하나님께서 어린이의 기도를 잘 들으신다. 기도하고 의심하지 않기 때문이다. 기도하고 의심하는 것은 어른들의 마음이지 어린이들의 마음은 아니다. 어린이는 질문을 통하여 삶을 배우고 성장하는 단순한 마음을 가지고 있다. 단순하기 때문에 질문도 많고 어른들이 가르쳐주는 대로 믿는 단순한 믿음이 있다. 그러므로 어른들은 어린이의 질문에 성의있게 대답해 주어야 한다.

사무엘을 불러 이스라엘을 맡기신 하나님은 지금도 어린이를 불러 하늘나라를 맡기신다. 우리도 천국을 소유할 어린이의 마음을 가지자.

부활절 네번째 주일 The Fourth Easter sunday

소재 : 조팝(Meadow sweet)
  카네이션(Carnation)
  등라인(Chinese wistaria)

5월 둘째 주

본문: 잠 4:1-9, 엡 6:1-3

교독문: 72, 어버이 주일
찬 송: 37, 304

아비의 훈계를 들어라

어버이의 사랑은 가장 숭고한 사랑이다. 아무런 대가 없는 사랑이기 때문이다. 효란 인간의 삶의 기초이다. 우리나라에서 강조하는 충과 효는 같은 맥락에서 설명이 되고 유교에서의 인도 효에서 나오는 것이고 성경도 효를 첫째 계명이라고 하였다.

효란 나의 생각대로 부모님께 대하는 것이 아니라 부모님의 생각대로 해드리는 것이다. 효란 반드시 나의 부모님께만 해당되는 것이 아니라 모든 어른들께 해당되는 것이다. 성경은 여러 곳에서 효를 강조하고 있다. 효를 강조하는 것은 효가 인륜의 근본이 될 뿐만 아니라 하나님을 섬기는 첫 걸음이 되기 때문이다. 효에 대한 하나님의 명령을 들어보자.

1 아들들에게 들으라고 하신다

솔로몬이 "아들들아 들으라"고 했을 때는 아마 그의 아들들을 염두에 두고 하였을 것이다. 물론 이 말은 남성본위의 글이기 때문이지 지금의 딸들에게도 주신 말씀이다. 자녀의 부모에 대한 책임은 우선 잘 듣는 것이 필요하다. 유대인은 하나님께서 부모님을 대리자로 세상에 보내셨다고 하였다. 어버이는 하나님을 대신하기 때문에 부모를 공경하고 순종해야 한다. 솔로몬은 자신이 이제 아비가 되어서 하는 말이 아니라 자신도 아버지에게 아들이었음을 강조하고 있다. 부모에게 순종해야 하는 것은 아들에게 주신 하나님의 훈계이다. 이것은 마땅한 도리이며 땅에서도 장수하는 비결이다.

2 부모에게는 훈계를 주라고 하신다

부모는 자녀에게 마땅한 훈계를 주어야 한다. 부모의 훈계가 끊어지면 부모는 책임을 면치 못한다. 부모의 가르침은 부모됨이고 부모노릇이란 가르침이다. 엘리 제사장은 자신의 아들들을 잘못 가르친 책임으로 가정이 망하게 된 것이다. 아이들에게 미치는 영향의 92%가 부모에게서 받는 것이라는 교육학자의 보고가 있다. 아이들은 거의 대부분의 영향을 가정에서 받고 있는 것이다. 가출하는 아이들은 부모의 잔소리가 싫기 때문이라고 한다. 부모는 잔소리가 아니라 충고를 주어야 한다. 아이들이 잔소리로 느낄 때는 사랑이 없고 화풀이가 되기 때문이다. 하나님은 우리에게 화풀이 하시지 않는다. 부모는 하나님의 대리자로 하나님처럼 훈계해야 한다.

3 훈계의 내용은 지혜이다

아비의 말씀을 잘 듣는 것이 지혜를 얻는 것이다. 지혜를 얻으라는 말은 지혜를 사라는 뜻이다. 지혜는 지식으로 얻어지는 것이 아니다. 지식을 얻기 전에 지혜를 얻도록 해 주어야 한다. 아이들을 훈계할 때는 애정으로 해야 하며 시기를 잃지 않는 상벌이 있어야 하며 동일한 손짓과 명령이 주어져야 하며 쉬지 않고 꾸준히 해야 한다. 이러한 가르침이 아이들에게 감동을 주며 지혜가 되는 것이다. 더구나 현대인에게는 대화의 단절이라는 무서운 가정의 병에 걸려 있다. 코넬대학의 보고에 의하면 미국의 아버지들은 아이들과 대화하는 시간이 하루에 38초라는 충격적인 것이다. 아이들에게 대화를 통하여 지혜를 주어야 한다.

좋은 부모와 자녀의 관계를 가지고 무너져 가는 가정을 세우고 튼튼한 가정들이 되자.

부활절 다섯번째 주일 The Fifth Easter sunday

소재 : 냉이(Shepherd's purse)
 카네이션(Carnation)
 프라스틱 라인(Plastic line)

5월 셋째 주

본문 : 창 13:1-9, 빌 4:4-7

교독문 : 16, 시 63편
찬 송 : 73, 507

관용을 알게 하라

관용이란 중요한 그리스도인의 미덕이다. 관용이 상실되어가는 이 때에 유엔은 올해를 관용의 해로 선포하였다. 동서냉전은 끝났지만 세계 도처에서는 인종과 종교의 전쟁이 끊이지 않고 있다. 지구화는 세계를 하나로 만들었지만 이러한 구심운동과 함께 지역화로 인한 원심운동도 동시에 일어나고 있다. 우리 민족은 오랜 씨족 사회의 풍습 가운데서 동질집단의 사고 속에서 살았다. 더구나 근래에 와서는 생존경쟁속에서 이웃이 없는, 경쟁자와 원수만 양산하게 되었다. 관용하지 못하면 결국 고독하게 살 수 밖에 없다. 현대인에게 부족한 관용의 정신을 생각해 보자.

1 관용의 사람

아브람은 관용의 사람이었다. 그는 우르를 떠나 하란으로 갈 때에 조카 롯과 함께 갔다. 롯은 아브람 덕분에 많은 재산을 가지게 되었으나 많은 재산 때문에 그의 종들이 싸움을 하게 되었고 아브람은 롯이 우하면 좌하고 좌하면 우하겠다고 하였다. 아브람은 얼마든지 기득권을 행사할 수 있었지만 조카에게 우선권을 주고 양보하였다. 아브함은 하나님을 따라 집을 나선 사람이었기에 관용할 수 있었다. 롯은 물질중심의 생활이었고 현실중심의 생활이었지만 아브람은 하나님 중심이요 물질보다 사람중심의 삶을 산 사람이다. 이러한 사람이 관용할 수 있고 관용한 사람만이 결국 남는다.

2 관용하는 사람의 축복

세상의 원리는 주는 자는 없어지고 빼앗는 자는 가지고 양보하는 자가 쳐지고 새치기하는 자가 빨리 가는 세상이지만 하나님의 나라에는 관용하는 자가 얻고 많이 가지고 잘 살고 오래 산다. 아브람은 자신의 것을 양보하고 아무 것도 없는것 같지만 하나님은 아브람에게 동서남북을 바라보는 환상을 주셨고 온 세상을 바라보는 비젼을 주셨다. 뿐만 아니라 실제로 그가 밟는 땅을 다 그에게 주셨다. 세상은 우선 힘이 지배하지만 결국은 관용하고 양보하고 온유한 자가 땅을 차지하고 지배한다. 욕망이 크고 욕심으로 사람을 다스리는 사람이 우선은 복을 받는것 같지만 종래는 관용하는 사람이 복을 받는다.

3 관용해야 하는 이유

성경은 우리의 관용을 모든 사람에게 알리라고 한다. 관용은 예수님의 마음이다. 예수님은 가난하고 소외되고 어린 사람에게 관심을 가지고 계셨다. 강한 자에게 약하고 약한 자에게 강한 세상적 지배논리는 관용하게 하지 못한다. 예수님은 당시의 권력을 가진 유대주의자들에게 굴복하지 않고 강하셨다. 반면에 아이들과 병자들과 약한 자들에게 관용하셨다. 우리가 예수님의 마음을 본받는 것은 당연한 일이다. 성경은 감독의 자격에도 관용을 말하고 있고 (딤전 3:3), 여직분자의 자격에도 관용을 말하고 있다. (딤 3:2). 예수님의 관용으로 교회를 다스리고 봉사하여야 한다. 무한경쟁의 세계화 시대를 맞아 극한 투쟁의 논리로 살 것이 아니라 관용으로 세상을 아름답게 만들고 의롭게 만들자.

부활절 여섯번째 주일 The Sixth Easter sunday

소재 : 황금쥐팡(Border priver)
　　　 나리(Tiger lily)

5월 넷째 주

본문: 사 9:1-7, 눅 2:8-14

교독문: 17, 시 65
찬 송: 39, 354

한 부자의 어리석음

식량문제는 미래사회의 가장 심각한 종말적 문제이다. 전 세계에서는 매일 만명 이상의 사람들이 굶어죽고 있으며 인구의 80%가 오늘도 굶주린 배를 움켜쥐고 잠자리에 든다. 기아문제의 해결법은 흔히 3M이라고 하는데 첫째는 맬서스의 인구론에 의거하여 인구억제책을 쓰는 것이고, 둘째는 마르크스주의로써 부의 차등에서 굶주림이 생겼기 때문에 자본주의는 타파해야 한다는 것이며, 세째는 기독교 선교이념으로써 서로 나누고 보살피고 도와줄 때에 기근문제가 해결된다는 것이다. 오늘 성경에는 욕심으로 자신만 취하는 한 어리석은 부자에 대한 비유가 나온다. 이 사람은 인간적인 눈으로 볼 때에 지혜로운 사람이고 이성적인 사람이지만 하나님이 보실 때는 어리석은 사람이었다. 왜 이 사람이 어리석은 사람인가?

1 한 부자의 어리석음

이 부자는 일의 시작과 결과가 전부 자기의 것이라고 생각한다. 그는 "내가 이렇게 하리라"고 하면서 자기의 곡식을 자기가 지은 창고에 자기가 넣을 것이라고 하였다. 다른 사람과 나누지 못하는 사람은 결국 다른 사람을 굶주리게 하는 사람이다. 사람은 누구를 중심에 두느냐에 따라 그 사람의 인격이 나타난다. 자기중심으로 사는 사람은 좁은 세계를 살고 이기적인 삶을 산다. 그러나 하나님 중심으로 사는 사람은 넓은 세계를 산다. 모든 것이 하나님의 것이기 때문에 있다고 교만하지 않고 없다고 절망하지 않는다. 이미 하나님의 소유가 되었으니 생명도 문제가 아니다. 단지 하나님을 기쁘시게 하기 위한 일에 관심을 가진다.

2 물질 중심적이기 때문에

어리석은 부자는 물질만 있으면 생명도 얻을 수 있을 것으로 생각했다. 그러나 물질은 인간의 생명을 보충하거나 연장하거나 지켜주지 못한다. 물질은 인간에게 늘 시험이 되어왔다. 예수님이 40일간을 주리고 시험을 받을 때에 그 시험의 내용도 물질이었다. 마귀는 또한 정당하지 못한 방법으로 기적을 베풀어 보라는 뜻이다. 예수님은 굶주린 5,000명을 위하여는 기적을 베푸시지만 자신을 위하여는 기적을 베풀지 않는다. 존 레비라는 아동심리학자는 물질적 풍요로움에서 사는 아이의 특징을 자신감이 없고, 죄책에 사로잡히며, 남을 믿지 못하고, 직장을 자주 옮기며, 모험심이 없고 일에 대한 의욕이 없는 것이라고 하였다.

3 현세 중시적이기 때문에

사람은 현세라는 우리의 시간 뒤에 영원이라는 시간이 있음을 알아야 한다. 현세만 가지고는 진지할 수 없고, 삶에 애착을 가진다고 하지만 그 반대이다. 이 부자는 얼마나 이론적이고 생각이 깊은지 모른다. 그러나 현세만 알기 때문에 어리석은 자라고 한다. 눈에 보이는 것은 잠깐이요 보이지 않는 것은 영원하기 때문에 보이지 않는 영원을 사모하며 살아야 한다. 공룡이 멸망한 것은 머리는 작고 몸만 크기 때문이라고 한다. 이상은 작고 현실만 크면 결국 살아남지 못한다. 현실만 크면 결국 현실도 잃는다.

우리에게는 이상과 현실, 물질과 영혼, 자신과 이웃이 다 필요하다. 지금과 같은 풍요와 성장의 시대에 부자와 같은 어리석음을 범치 않고 지혜롭게 살자.

부활절 일곱번째 주일 The Seventh Easter sunday

소재 : 금어초(Snapdragon)
프라스틱라인(Plastic line)

6월 첫째 주

본문:레 18:1-4, 갈 5:16-24

교독문: 18, 시 67
찬 송: 43, 169

성령을 좇아 행하라

성령강림주일을 맞이하여 성령이 충만한 주일이 되어야 할 것이다. 흔히 성령을 말하면 굉장히 어렵게 생각한다. 그러나 성령충만의 생활은 어려운 것이 아니다. 왜냐하면 성령충만의 생활이란 성령의 보증으로 가능한 것이다. 성령을 좇아 행하라는 말은 자주 왕래한다는 뜻으로 습관적 윤리행위를 말한다. 성령으로 사는 것이 습관이 되어야 하고, 기도가 습관이 되어야 하고, 찬양이 습관이 되어야 하고, 기쁨이 습관이 되어야 한다. 성령을 좇아 행하는 사람의 모습을 보자.

1. 육신의 욕심을 이루지 아니한다

육체의 욕심이란 육신의 일을 좇아 행하는 사람에게 발생한다. 육신의 일을 좇으면 쉽고, 그렇게 해야 재미있고 이것을 가치있는 일로 생각한다. 로마서 8:5에는 "육신을 좇는 자는 육신의 일을, 영을 좇는 자는 영의 일을 생각한다"고 하였다. 인간의 의지로 육신의 욕심을 따르지 않고, 이루지 않으려고 아무리 애를 써도 이룰 수 없다. 헬라의 철인들은 인간의 모습을 두 필의 말이 끄는 마차에 비유하였다. 하나는 욕망이라는 말이고 다른 하나는 이성이라는 말이다. 두 필의 말은 각각 제 방향으로 가려고 하지만 잘 조화시키고 잘 몰아야 목적지에 이를 수 있다. 육신은 성령의 지시를 잘 받아야 바르게 갈 수 있다.

2. 율법 아래 있지 아니한다

율법 아래 있는 사람이란 구원에서 제외된 사람이며 자유롭지 못한 사람이다. 자유함을 알지 못하는 사람은 죄의 종이 된 사람이며 살았어도 죽은 사람이다. 새는 하늘을 날아도 안 떨어지지만 돌은 하늘에서 떨어진다. 새는 하늘을 나는 법칙을 알기 때문이며 중력의 법칙의 지배를 받지 아니한다. 육체를 따라 사는 사람은 세상의 법의 지배를 받는다. 그리스도 안에 있으면 죽어도 사는 진리를 알며 육체대로 사는 사람은 살았어도 죽는다. 이스라엘 백성들은 애굽에서 이미 나왔지만 그들의 몸은 나왔어도 마음은 나오지 않아 불평하고 벌을 받았다. 율법은 사람을 자유롭게 하지 못하지만 성령으로 행하면 자유로운 사람이 된다.

3. 성령의 열매를 맺는다

성령을 좇아 행해야 성령의 열매를 맺는다. 사람은 누구나 다 열매를 맺는 삶을 산다. 그런데 그 열매가 어떤 열매냐 하는 것이다. 나무는 그 열매를 보아 안다고 하였다. 어떤 열매는 해로운 것이 있고, 해도 유익도 없는 열매가 있고 유익한 열매가 있다. 열매 맺지 않는 나무는 찍어 불에 던진다고 하였는데 열매를 맺되 유익한 열매를 많이 맺어야 한다. 나무는 잎과 열매가 있다. 잎은 나무 자신을 위한 것으로 탄소동화작용을 통하여 영양분을 공급하고 열매는 다른 사람을 위한 것이다. 육체의 일은 복수이며 성령의 열매는 단수이다. 육체의 일은 계통없이 많이 나타나지만 성령의 열매는 여러가지가 아니라 그 모두가 하나이다. 그리스도와 일체가 되어 성령의 힘으로 육체를 이기고 풍성한 성령의 열매를 맺고 사는 삶이 되자.

성령강림 주일 Pentecost

소재 : 소나무(Pine)
　　　단풍나무(Maple)
　　　댐싸거(Bekvedre)
　　　조화(Imition flower)
　　　청미레덩굴(망게)(Green brier)

지난주일 낮예배 설교요약

본문 : 욜 2:28-32, 행 2:1-4

다락방을 채운 열기

성령강림의 의미는 오순절의 산 역사이며 사건이다. 성령강림은 예수님의 말씀과 약속의 성취였다. 예수님은 "내가 가면 보혜사가 올 것이다" 라고 하셨는데 그 약속대로 성령은 강림하셨다. 그리고 성령강림은 교회설립의 근거이다. 성령이 아니면 교회는 그 존재가치를 상실하고 존재이유가 불가능하다. 성령이 강림한 장소는 예루살렘이었으며 예루살렘의 마가의 다락방이었다. 그 옛날 오순절에 마가의 다락방은 열기로 가득한 장소였다. 성령강림의 날에 다락방에 가득했던 열기를 살펴보자.

1. 희생과 섬김의 열기가 가득한 자리이다.

마가의 다락방은 예수께서 최후의 만찬을 잡수시고 제자들의 발을 씻기신 곳이다. 이곳에서 주님은 구세주로서의 자기 포기와 제자들에게 새로운 생명을 주심으로 새로운 언약을 주셨다. 자기 희생을 통한 새로운 생명을 공급하신 것이다. 뿐만 아니라 식후에 발을 씻기심으로 섬김과 겸손의 본을 제자들에게 보이셨다. 당시의 전통으로는 제자들이 스승의 발을 씻겨야 하고 하인이 상전의 발을 씻겨야 하지만 예수님께서는 제자들의 발을 씻기심으로 겸손과 사랑의 본을 친히 보이신 것이다. 마가의 다락방은 이러한 주님의 희생과 섬김의 열기가 가득한 자리였다.

2. 말씀의 열기가 가득한 자리이다.

다락방에서 주님은 제자들에게 십자가의 죽으심과 이별을 말씀하셨고 새로운 언약을 선포하셨고, 대제사장으로서의 기도를 드리셨다. 제자들은 함께 떡을 떼고 만찬을 먹던 그 자리에서 주님의 개인적이며 사적인 강론을 통하여 용기를 얻고 세상을 이길 힘을 얻게 되었다. 주님은 "세상에서는 환난을 당하나 담대하라. 내가 세상을 이기었노라"고 하심으로 예수님의 죽으심이 패배가 아닌 승리이며 우리의 세상에서의 삶이 승리일 것을 말씀하신다. 다락방은 늘 말씀의 열기로 가득한 자리이다.

3. 성령의 열기가 가득한 자리이다.

그리고 이 자리는 120명의 제자들이 모여서 열심히 기도하고 있을 때에 성령이 강림한 자리이며, 성령의 강림을 체험한 제자들이 방언을 말하며 환상을 보며 꿈을 꾸던 자리였다. 성령의 강림으로 충만한 제자들이 전도하였을 때에 하루에 3,000명이 회개하고 제자가 되고 교회는 탄생되었다. 이 자리에서 초대교회의 성도들은 가르침을 받고, 떡을 떼며 교제하고, 기도하며, 모이고 하나님을 찬미하였다. 성령이 강림한 자리가 교회가 되고 성령의 역사를 증거하는 성도가 되게 되었다. 기독교가 공인 받던 313년 이전의 교회는 모두가 가정교회였는데 그 가운데서 예루살렘의 마가의 다락방은 초대교회의 모교회였다. 이 곳은 언제나 교제와 찬송의 열기가 가득한 곳이었다. 우리교회가 마가의 다락방 같이 언제나 희생과 섬김의 열기, 말씀의 열기, 그리고 성령의 열기가 가득한 마가의 다락방 같은 교회가 되어 한국교회의 모교회로서의 본분을 지켜나가는 교회가 되자.

성령강림주일 Pentecost

소재 : 스치로볼 수수깡(Foaming boll)
삼지닥(Paper bush, Nitsumeda)
황금사철(Golden evergreen)
거베라(Gerbera daisy)
알스트로 멜리아(Alstroemeria)
스타치스(Statice)

6월 둘째 주

본문·행 2:37-47, 겔 36:24-28

교독문 : 19,시 84편
찬 송 : 172, 178

변화의 공동체

교회는 변화의 공동체이다. 세속으로부터 입력된 모든것들이 교회안에서 그리고 교회를 통해서 변화되어 세속속으로 다시 출력되는 것이다. 그래서 세속을 변화시키는, 변화의 기구의 역할을 수행하는 것이다. 교회라는 집단적 조직체만이 아니라 그 교회 회원 각자가 모두 이렇게 변화되고 또 변화시키는 변화의 동력이 되는 것이다. 그런데 이 변화의 과정 가운데 영적 변화는 사회 인간들의 교육적 노력과 함께 성령의 활동이 그 원동력이 되고 있는 것이다. 이제 변화의 공동체를 세가지로 나누어서 생각해 보겠다.

1 인격의 변화는 사회의 교육적 과정을 통해 가능하다

사람은 가정교육, 학교교육, 사회교육등을 통해 인격이 변화되고 성장한다. 그리고 교육적 과정에는 초등, 중등, 고등교육등의 선택적 과정이 있다. 선택된 사람들만이 그 당시 그 분야에 합당한 교육을 받게 되는 것이다. 그리고 또한 인격의 변화과정에는 나름대로의 목적이 있다. 자기를 위한 목적, 가정을 위한 목적, 직장을 위한 목적, 사회를 위한 목적, 국가를 위한 목적, 조직을 위한 목적 등 다양하다. 목적에 따라 교육의 방법이나 성장의 방향이 달라지게 마련이다. 그런데 사회의 교육적 과정은 그 사회의 문화수준을 넘어서지 못한다. 그리고 그 사회의 문화수준은 그 사회 구성원들의 현세적, 물질적, 이기적 욕구를 포함하고 있어서 상대적이며, 불의와 죄악된 방향을 나타낸다.

2 크리스찬의 인격변화는 성령의 영적 과정을 통해 가능하다

가정 교육은 부모에 의해서, 학교교육은 교사에 의해서, 그리고 사회교육은 사회문화에 의해서 이루어지듯이 하나님의 자녀인 크리스찬의 인격변화 과정은 하나님의 성령에 의해서 이루어지는 것이다. 그리고 초등, 중등, 고등교육등이 선택된 학생들만이 공부할 수 있듯이 신앙인격의 변화와 발달을 가능케하는 성령교육은 당시에 하나님의 선택된 신앙인들만이 하나님의 교회에서 받을 수 있는 교육과정이라 하겠다. 비록 크리스찬의 인격변화와 신앙발달이 일반사회의 교육만으로는 불가능하지만 계몽적 역할로서는 필요한 것이다. 그리고 크리스찬의 신앙교육을 위한 교사와 교회의 역할은 성령의 은사를 힘입어야만 가능한 것이다. 하나님의 자녀의 신앙인격 변화과정은 하나님의 교회에서 하나님의 성령으로만 가능하기 때문이다. 회개와 중생을 강조하는 영적 신앙교육은 에스겔의 환상속에 나타나는 새사람운동이라 하겠다. "또 새 영을 너희 속에 두고 새 마음을 너희에게 주되 너희 육신에서 굳은 마음을 제하고 부드러운 마음을 줄 것이며 또 내 신을 너희 속에 두어 너희로 내 율례를 행하게 하리니 너희가 내 규례를 지켜 행할지라 내가 너희 열조에게 준 땅에 너희가 거하여 내 백성이 되고 나는 너희 하나님이 되리라"9겔 36:26-28)

3 교회는 성령이 활동하시는 변화의 신앙공동체이다

오순절에 성령강림을 체험한 초대 예루살렘교회는 변화의 신앙공동체의 한모범이라 하겠다. 본문에 의하면 두가지 특징들이 나타난다. 하나는 사도들로부터 복음의 진리를 학습하는 것이다. 42절에 "저희가 사도의 가르침을 받아"라는 구절이 있는데 이는 그 앞에 베드로가 복음을 증거하고 권면하여 가르칠 때 하루에 3천명이나 되는 사람들이 회개하고 세례를 받아 새신자가 된 것과 같은 맥락에서 해석할 수 있다. 그리고 또 하나의 특징은 그리스도의 사랑으로 함께 나누는 공동체적 삶이다. 42절에 "서로 교제하며 떡을 떼며 기도하기를 전혀 힘쓰니라" 는 구절은 그 다음 44절이하에 나오는 "믿는 사람이 다 함께 있어 모든 물건을 서로 통용하고 또 재산과 소유를 팔아 각 사람의 필요를 따라 나눠 주고 날마다 마음을 같이하여 성전에 모이기를 힘쓰고"라는 표현과 인맥 상통한다. 크리스찬의 인격변화와 신앙성장은 공동체적인 것이다.

삼위일체 주일 Trinity Sunday

소재 : 용수초(Bulrush)
　　　조팝(Meadow sweet)
　　　명자란(Polygonatum)
　　　장미(Rose)
　　　편백(Green Japanese cypress)

6월 셋째 주

본문: 신 1:19-27, 유 21-23

교독문: 20, 시 91편
찬 송: 36, 382

가데스바네아 아나로기아

모세는 가나안에 들어갈 수 없게 되었지만 하나님께서 그를 부르셔서 이스라엘 백성을 애굽에서 불러 광야에 오게 한 사실을 알게하고 그들이 광야에서 저질렀던 가장 큰 실패를 거듭 알리면서 가나안에 무사히 들어갈 것을 부탁한다. 신명기는 그의 광야에서의 회고록이며 설교이다. 이 설교에서 그는 먼저 가데스바네아에서 있었던 실패를 거듭하지 않도록 잊지말라고 한다. 모세가 12지파에서 한사람씩 12명을 택하여 가나안을 정탐하게 하였을 때에 10인은 부정적인 보고를 하였고 여호수아와 갈렙만이 긍정적인 보고를 하였다. 백성들은 10사람의 부정적 보고를 따랐고 하나님은 진노하셔서 그들로 하여금 광야에서 죽게 하셨다. 가데스바네아에서의 실패란 무엇인가?

1. 하나님의 말씀보다 인간의 원칙이 앞섰다

가데스바네아까지는 하나님의 말씀을 듣고 따라왔지만 이곳에서 그들은 하나님의 말씀보다 사람의 말을 더 믿었다. 그들은 전쟁에 서툴고 경험이 없기 때문에 무서운 것은 사실이었으나 하나님은 그들이 하나님의 말씀을 듣지 않으므로 진노하신 것이다. 정탐군의 말이 하나님의 말씀보다 권위 있게 들리는 것이 잘못이며 실패이다. 인간의 의사란 하나님의 뜻을 수행하는 방편이어야 하고 다수결이란 인간의 결정 방법이지 하나님의 방법은 아니다. 바울이 탄 배가 선장과 선주의 말을 바울의 말 보다 더 믿었을 때에 파선하였다. 인생에 있어서도 하나님 보다 사람의 말이 앞서면 실패하며 파선한다.

2. 하나님이 그들을 미워하신다고 하였다

정탐군의 그릇된 보고로 과거의 은혜를 망각한 군중들은 불평과 원망이 가득하였다. 그들은 정탐군의 보고만 듣고 하나님이 그들을 미워하셔서 아모리 사람의 손에 멸하시려 하신다고 하였다. 이것은 하나님의 사랑에 대한 모독이며 하나님의 본질에 대한 배반이다. 하나님은 결코 미워하실 수 없다. 왜냐하면 하나님은 사랑이시기 때문이다. 그들은 하나님을 원망하며 적대행위를 하였다. 이것은 적극적인 하나님의 사랑에 대한 반항이었다. 부모가 자기를 미워한다는 생각은 최고의 불효이다. 부모는 자식을 미워할 수 없는 분이시다. 마찬가지로 하나님은 그의 백성을 미워하실 수 없다.

3. 그들은 약속의 땅을 차지하기 위한 전쟁을 두려워하였다

하나님이 이미 약속하신 땅이지만 그들이 들어가서 그냥 차지하는 땅이 아니라 싸워서 빼앗는 땅이다. 분명히 하나님은 그들의 땅이라고 하셨지만 그 땅은 일곱 족속이 살고 있는 땅이었다. 가나안은 하나님의 나라의 그림자였다. 하나님의 나라도 침노하는 자가 빼앗는다. 이미 구원받았다고 해서 그냥 차지하는 것이 아니라 세상에서 악의 세력과 부단히 싸워서 얻는 나라이다. 우리가 하나님의 나라를 얻기 위하여 싸우는 것을 싫어해서는 안된다. 전쟁은 하나님이 하시는 것이다. 하나님의 나라를 얻겠다는 사람들이 전쟁을 싫어한다면 가데스바네아의 실패를 되풀이하는 일이다.

소탐대실이란 말이 있다. 작은 것을 탐하다 큰 것을 잃는다는 말이다. 작은 이익과 인간의 생각과 작은 괴로움을 견디지 못해 큰 은총을 잃는 사람이 되지 말고 큰 것을 위해 작은 것을 포기할 줄 아는 사람이 되자.

오순절후 두번째 주일 The Second Sunday of Pentecost

소재 : 황금사철(Golden evergreen)
 라일락(Lilac)
 나리(Tiger lily)

6월 넷째 주

본문: 왕하 13:14-19, 마 1:21-23

교독문: 21, 시 95
찬 송: 57, 478

여호와의 구원의 살

엘리사의 최후를 기록하고 있는 본문은 엘리사의 권위와 하나님의 능력을 전해주고 있다. 엘리사는 가장 많은 기적을 베푼 선지자였다. 그가 죽기 전에 이스라엘 왕 요아스에게 활과 살을 취하게 하고 동편의 창을 열게 하고 활을 쏘게 하였다. 살이 날아가는 것을 본 엘리사는 "여호와의 구원의 살"이라고 하였다. 이 살은 이스라엘을 구원하시려는 여호와의 구원의 살이었다. 이 살로 인하여 이스라엘이 구원을 얻게 될 것이다. 마태복음 1장에는 예수님이 탄생하실 때에 그 이름을 "여호와는 구원이시다"라는 뜻의 이름을 주셨다. 엘리사는 왕에게 세가지 중요한 명령을 준다. 왕은 이 명령을 잘 따르므로 평범한 살이 구원의 살이 되게 하였다. 어떻게 평범한 살이 구원의 살이 되는가를 보자.

1. 활과 살들을 취하소서

엘리사는 왕에게 활과 살을 취하라고 하였다. 그리고 그 활과 살을 잡고 있는 손에 안찰하였다. 활과 살은 하나님의 힘과 승리의 상징이다. 하나님은 하나님의 힘과 승리를 왕에게 맡기신 것이다. 왕은 하나님의 힘과 승리의 대행자가 된 것이다. 힘과 승리를 아무에게나 맡기지 않는다. 무기는 아무에게나 맡기는 것이 아니다. 적절한 사람에게 맡겨야 한다. 하나님께서 하나님의 힘과 승리를 맡길 수 있는 사람이 되어야 한다. 신뢰의 사람이 될 때에 활과 살이 맡겨질 것이며 하나님의 능력의 대리자가 될 수 있다.

2. 동편 창을 여소서

동편은 아람 군대가 있는 것이다. 이기기 위해서는 적이 있는 곳을 향해야 한다. 화살을 쏘기 위해서는 먼저 창을 열어야 한다. 적극적으로 적에게 대응하는 자세를 가져야 승리할 수 있다. 공격이 최상의 방어라고 하듯이 적극적으로 세상에 대하여 대응하는 자세를 가져야 세상을 이길 수 있다. 70인 사도를 따로 세우시고 그들을 보냄이 양을 이리 가운데 보냄 같이 애처로운 일이지만 보내신 것이 주님의 방법이며 가르침이다. 교회는 세상을 향하여 문이 열려 있어야 하고 그리스도인의 마음은 세상을 향하여 매일 열어야 한다. 문이 닫혀 있으면 결국 그들을 선교하는 교회가 되지 못한다.

3. 쏘소서

그리고 엘리사는 왕에게 열린 창을 향하여 활을 쏘라고 한다. 쏜다는 것은 용기를 가지고 대적하고 이기는 것을 의미한다. 하나님을 믿는 사람은 하나님의 힘에 의지하여 싸운다. 아무에게나, 아무데서나 싸우는 것이 아니라 하나님의 명령에 따라 싸울 때에 하나님이 함께 하신다. 사울은 다윗에게 "여호와의 싸움을 싸우라"고 한다. 우리의 싸움은 여호와의 싸움이어야 한다. 인간적인 싸움이나 세인적인 싸움이 아니라 하나님의 싸움일 때에 명분도 있고 하나님도 함께 하신다. 왕하 10:3에는 "주의 집을 위하여 싸우라"고 한다. 우리의 싸움은 주의 집을 위한 싸움이어야 한다.

한국전쟁이 일어난지 45년이 되었다. 하나님께서 구원의 살을 우리에게 주셔서 우리가 승리하고 지금 부끄럽지 않은 나라로 살고 있다. 이제 우리도 북을 향하여 하나님의 구원의 살을 쏘자. 사람을 미워하고 그들을 쏘는 것이 아니라 우리를 나뉘게 한 이념과 사상을 없애고 속히 민족이 하나가 되자.

오순절후 세번째 주일 The Third Sunday of Pentecost

소재 : 점쉬땅나무(False spirea)
리시안서스(Prairie gentian)

7월 첫째 주

본문: 신 24:19-22, 요 6:48-51

교독문: 22, 시 96
찬 송: 56, 422

성찬의 삶을 삽시다

삼풍백화점의 붕괴는 참으로 가슴 아픈 일이며 우리의 자존심이 붕괴되는 사고였다. 아무리 호화롭고 많은 수익이 있는 것이라 하더라도 사람의 생명과는 비교할 수 없는 것이다. 만일에 생명을 살리고 건물이 무너졌다면 사람들은 박수를 보냈을 것이다. 온 천하를 얻고도 목숨을 잃으면 아무런 유익이 없다. 성찬의 삶이란 구체적으로 생명운동이다. 예수님은 살과 피를 주심으로 우리에게 생명을 공급하신 것이다. 성찬의 삶이란 우리가 다른 사람에게 우리의 생명을 공급하는 고귀한 나눔의 생활이다.

1 생명의 떡이 되라

우리는 떡이 되되 생명의 떡이 되어야 한다. 예수님은 5천명을 먹이신 기적 다음에 많은 사람을 먹이신 구체적 목적을 말씀하신다. 그것은 육신의 배를 부르게 하시려는 것이 아니라 생명을 주시려는 것이다. 예수님이 주신 떡은 영생하는 떡이며 세상의 생명을 위한 살이다. 주님이 주신 것은 세상을 위하여 주신 생명이다. 그러므로 우리도 그 생명을 공급하는 일을 해야 한다. 우리의 삶이 다른 사람을 살리는 일이 되어야지 죽이는 일이어서는 안된다. 사람은 영적 동물이기 때문에 영적인 일을 해야지 가치가 있다. 생명의 양식을 먹어야 배부르고 생명이 있어야 사람이다. 성찬의 삶은 우리의 희생으로 다른 사람을 살리는 생명나눔 운동이다.

2 다른 사람의 양식이 되라

예수님은 제자들에게 "우리에게 일용할 양식을 주소서"라고 기도를 가르치셨다. 이 기도는 그 날에 흡족한 양식을 달라는 필요의 기도이지 많이 달라는 탐욕의 기도가 아니다. 또한 이 기도는 나에게만 달라는 것이 아니라 우리 모두에게 달라는 인류공동체의 기도이다. 루터는 "우리가 양식을 달라고 하기 전에 남에게 양식이 되어야 한다"고 하였다. 이 기도는 우리가 다른 사람의 양식에 대한 책임도 포함하고 있으며 내가 먹고 남은 것은 다른 사람에게 주겠다는 맹세이다. 나의 양식을 아까워하고 주지 못하는 사람의 기도는 아니다. 성찬의 삶은 다른 사람에게 양식이 되는 삶이다.

3 밥이 되라

다른 사람의 밥이 된다는 것은 인간적으로 비굴하고 자존심 상하는 일이다. 그러나 밥이 되어야 한다. 다른 사람의 밥이 되어보아야 성찬의 의미를 알 수 있다. 우리 나라 말에 "저 사람은 내 밥이다"라는 말이 있다. 이 말은 만만하게 생각하고 얕보는 말이다. 잡아 먹는 사람은 먹히는 사람의 고통을 알지 못한다. 먹히는 사람만이 진정한 인생의 의미를 알고 희생의 의미를 안다. 우리는 다른 사람의 밥이 되고 희생이 되고 늘 양보하고 지고 살아야 한다.

우리가 다시 한번 우리의 모습을 물어 보아야 한다. 생명인지 사람인지, 밥인지 독약인지, 잡아 먹히는 사람인지 잡아 먹는 사람인지를 날마다 물어보며 살아야 한다.

오순절후 네번째 주일 The Fourth Sunday of Pentecost

소재 : 꽃창포(Sweet flag, Sweet weadse)
스프링게리(Springeri aspargus)

7월 둘째 주

본문: 겔 14:13-14; 눅 11:2-4

교독문: 23, 시 98
찬 송: 44, 422

의뢰하는 양식

삼풍백화점의 붕괴는 한 주간 내내 우리의 삶을 우울하게 만들었다. 우리나라의 경제성장과 교회성장은 맥락을 같이 하는데 그간 뒤돌아볼 겨를도 없이 앞만 바라보고 뛰어온 성장이었다. 하나님께서는 그동안 우리가 의뢰하던 양식을 끊으시기 위하여 우리에게 이런 시련을 주신 것이다. 에스겔은 포로기의 선지자이였는데 나라를 빼앗기고 포로가 되었지만 백성들은 회개하지 못하고 우상을 섬기고 하나님을 의뢰하지 않고 양식을 의뢰하며 살았다. 양식을 의뢰하던 백성들을 하나님은 양식을 끊으시고 사람과 짐승도 끊으신다.

1. 의뢰하던 양식을 끊으신 것은 불법과 범죄 때문이다

13절에는 "인자야 어느 나라가 불법하여 내게 범죄함으로"라고 하였다. 이것이 당시의 타락상이었고 의뢰하던 양식을 끊으신 이유였다. 불법을 예사로 행하던 당시에는 제사장들이 앞서서 우상을 숭배하고 하나님 보다 세상의 것을 의뢰하게 하였다. 아브라함도 갈대아 우르를 떠나서 하란으로 갔지만 기근을 만났다. 그것은 하나님을 믿고 떠난 사람이 하나님 보다 양식을 의뢰했기 때문이다. 불법과 범죄는 그 의뢰하던 것을 끊으신다. 하나님을 의뢰하지 못하고 사람을 의지하고 세상을 의뢰하는 것이 불법이며 범죄이다. 불법이 오래가지 못하고 범죄가 숨기우지 못하고 하나님은 양식을 끊으셔서 돌이키게 하신다.

2. 사람과 짐승까지도 끊으신다

불법에 대한 하나님의 심판은 그 대상이 사람에게 뿐만 아니라 짐승에게까지 미치며 그 형벌의 방법은 기근이다. 사람은 하나님의 가장 가까운 상대자이고 짐승은 사람의 가장 가까운 상대자이다. 하나님은 사람과 짐승을 끊으시려고 지으신 것이 아니지만 불법에 대하여는 단호하시다. 노아시대에 하나님은 사람지음을 후회하셨지만 사람과 코로 숨쉬는 모든 동물을 다 쓸어버린 다음에는 더 후회하셨을 것이다. 니느웨 사람도 사랑하시고 사마리아 사람에게 유황불을 내리자는 제안도 거절하신다. 그러나 불법을 행하고 범죄하고 하나님을 의뢰하지 않고 양식이 자기 손 안에 있는 줄로 아는 어리석은 사람은 끊으시겠다고 하신다.

3. 심판은 피할 수 없다

어느 나라이든지 불법하여 하나님께 범죄하면 심판을 면치 못한다. 하나님 앞에서의 구원은 철저하게 개인적이다. 노아, 다니엘, 욥 같은 의인이 있다고 하더라도 그들은 자기의 의로만 생명을 구한다. 당시에 이스라엘 사람들 사이에는 아비가 신포도를 먹었으므로 아들의 이가 시다고 하는 속담이 있었지만 하나님은 예레미야를 통하여 "신 포도를 먹는 자마다 그 이가 심같이 각기 자기 죄악으로만 죽으리라"고 하신다. 지금도 우리 시대의 타락은 노아, 다니엘, 욥 세 사람의 의가 합친다고 하더라도 나라를 구원하지 못한다.

당시의 유대인은 선민이라는 특권의식만 있었지 특권에 상응하는 바른 자세가 없었다. 우리가 의뢰하는 세상의 것을 끊고 하나님만 의뢰하는 성도가 되자.

오순절후 다섯번째 주일 The Fifth Sunday of Pentecost

소재 : 정금나무(Vaccinium oldhami)
　　　작약(Chinese paeony)
　　　카네이션(Carnation)

7월 셋째 주

본문: 대상 29:12-14, 눅 16:1-13

교독문: 24, 시 100편
찬 송: 28, 102

불의한 청지기의 지혜

지난해는 하나님께서 우리교회에 주신 은총의 해였다. 100주년을 맞이하면서 모든 행사를 잘 끝내고 우리 모두가 은혜를 받았다. 그러나 지난 100년의 역사만 고수하고 살면 미래지향적 교회는 되지 못한다. 우리는 역사가 가지는 역사성의 의미를 살려서 새로운 세기에도 한국사회와 교회를 지도할 수 있는 교회가 되어야 할 것이다. 21세기란 시간은 결코 순탄하거나 희망적인 시간만은 아니다. 그러므로 우리는 21세기를 위하여 준비하여야 한다.

특히 교회는 이러한 미래적 전망에 민감해야 하며 새로운 시대에 대한 대처방안을 마련하여야 할 것이다.

1 예수님은 불의한 청지기의 비유를 통해서 그의 지혜있는 처사를 우리 그리스도인의 신앙의 모범으로 말씀하셨다.

2 우리 앞에 하나님의 심판이 있다는 것을 보여주셨다. 우리의 생활은 하나님을 위한 생활이다. 그러나 우리는 하나님이 바라시는 생활을 하지않고 나만을 위해서 살았다. 그러나 주인이 "네 보던일을 셈하라"고 청지기에게 말한 것처럼 우리가 하나님 앞에 회계보고를 제출해야 할 날이 꼭 온다. 이러한 순간에 대비할 지혜있는 결정이 있어야 한다.

3 우리의 생활태도를 완전히 바꾸어야 한다. 종은 너무 오래 속여왔기 때문에 도저히 장부를 맞출 수가 없다. 그래서 나만을 배불리던 생활에서 친구를 만들기 위해서 열심히 사용하였다. 예수님은 그 부정에 깃들고 있는 그의 진지한 지혜로운 처리를 보시고 칭찬하셨다. 그런데 오늘의 교인은 이 틀린 장부를 억지로 맞추려고 하기때문에 위선적 생활을 한다. 잘못을 변명하고 숨기려니까 또 다른 위선을 범하게 된다. 신앙은 이미 저지른 잘못을 꾀어맞추는 곳이 아니다. 과거의 잘못된 생활을 버리고 새로운 미래를 개척하기 위해서 진지한 생각과 정성을 기울여야 한다. 우리는 이 땅위에 하나님 나라를 건설해야 할 사명을 받았다. 그러므로 남을 위해서, 이웃을 위해서, 그리고 세상을 위해서 살 수 있는 지혜를 가져야 한다.

4 불의한 재물과 지극히 작은 것에 충성해야 한다. 우리는 모두 부정한 재물 가운데서 살고 있다. 그러나 예수님은 이러한 부정적 재물로부터 멀리하라 말씀하시지 않는다. 비록 부정한 물질일지라도 이것을 하나님을 위해서 선히 사용할 때 가치가 있다. 그것은 하나님은 물질의 주인이시기 때문이다. 따라서 우리는 하나님의 영광을 위해서 물질을 바로 써야 한다. 인간의 참된 재물은 "얼마나 가지고 있느냐?" 하는데 있는 것이 아니라 "얼마나 많이 주었느냐?" 하는데 있다. 그래서 예수님은 "불의한 재물로 친구를 사귀라"고 말씀하셨다. 우리는 내게 주어진 모든 것으로 주님의 뜻을 따라 지혜있게 써야 한다. 이러한 곳에 하나님의 나라가 전파될 수 있다.

10절 이하에 "지극히 작은 것" "불의한 재물" "남의 것"이란 말씀이 있다. 이것은 모두 세상 것을 가리키는 것이다. 곧 지금 우리가 가지고 있는 재산, 능력 이것은 남의 것이지 내 것이 아니다. 우리는 근본적으로 우리의 재산에 관한 생각을 뒤엎어야 한다. 이렇게 뒤엎는 것을 신앙이라고 한다. 여러분! 진정한 사랑을 가지고 살때 또한 복음이 전파된다.

오순절후 여섯번째 주일 The Sixth Sunday of Pentecost

소재 : 공작(Chamaecyparis)
리시안서스(Prairie gentian)

7월 넷째 주

본문 : 신 4:1-8, , 마 13:1-9

교독문: 25, 시 103편
찬 송: 29, 379

좋은 청중

예수님의 '씨뿌리는 비유'에서 4종류의 밭은 말씀을 듣는 청중들의 모습을 보여준다. 하나님 말씀 앞에서 좋은 청중의 모습은 무엇인가?

1. 좋은 청중은 말씀을 들을 수 있는 마음이 준비된 사람이다.

예수는 말씀 받을 준비가 없는 사람을 '길가의 땅'으로 비유하셨다. 길가는 말씀에 전혀 반응할 수 없는 마음이다. 성도는 길가의 굳어진 마음을 갈아엎어서 말씀 받을 준비가 있어야 한다. 이 준비는 속마음이 변화되는 영적인 사람이 되는 것이 선결조건이다. 그리고 충분한 잠, 예배시간 지키기, 정규적인 참석, 말씀기대와 기도, 열려있는 마음을 준비하는 것이다. 이 준비는 성도의 영적 예습이다.

2. 좋은 청중은 적극적으로 듣는 사람이다.

적극적인 경청은 말씀으로 변화받기 원하는 자세로 듣는 것이다. 이 변화를 원치않는 마음이 돌밭의 마음이다. 이 돌밭은 감상주의에 젖는 경박한 마음으로 혁신적인 변화를 사실 원치 않는다. 기독교 진리를 수집하는 데에 그친다. 그리고 환난이 올 때 말씀의 씨앗이 메마른다. 따라서 경박하고 감상적이고 변화를 원치 않는 돌들을 제거할 때 좋은 청중이 될 수 있다.

3. 좋은 청중은 말씀을 듣고 세속 유혹을 이기는 청중이다.

물질만능에 팽배해진 세속에 물든 청중을 예수는 가시떨기 밭으로 비유하셨다. 이 청중도 현세위주로 살며 재물유혹 때문에 고귀한 생명에 무관심하다. 따라서 하나님 말씀이 막히는 것이다. 좋은 청중은 하나님을 선택하여 세속 재물 유혹에 빠지지 않고 극복해 나가는 청중이다.

4. 좋은 청중은 말씀을 듣고 깨달은 사실을 반복 준행하는 사람이다.

좋은 청중은 말씀을 진지하게 들으며 순종과 겸손의 마음으로 말씀을 받고 간직한다. 그리고 말씀을 지켜 준행한다. 이것은 성도생활의 영적 복습이다. 이 영적복습은 말씀을 기억하는 훈련이며 실천하는 과정이다. 또한 말씀 준행을 위해서 때를 따라 주시는 말씀의 요점을 적는 훈련이 필요하다. 그것은 변화되어야 할 나 자신에게 주시는 메시지를 기억하게 한다.

변화를 위해 적극적 자세로 말씀을 듣고 준행하는 것은 좋은 청중이 되는 지속적 과제이며 끊임없는 노력이 요청되는 우리들의 숙제이다. 이 과제에 하나님의 은혜와 역사가 함께 하시기를 기원합니다.

오순절후 일곱번째 주일 The Seventh Sunday of Pentecost

소재 : 정금나무(Vaccinium oldhami)
　　　　글라디올러스(Gladiolus)
　　　　카사블랑카(Lilivm longifiorm)
　　　　나리(Tiger lily)
　　　　리시안서스(Prairie gentian)

7월 다섯째 주

본문: 시 121:1-8, 눅 2:28-33

교독문: 26, 시 104편
찬 송: 53, 73

내가 눈을 들리라

지난 세계선교협의회 총회 참석시에는 많은 사람들에게 삼풍백화점 붕괴의 질문을 받았다. 참으로 난처하고 부끄러운 질문에 곤난을 겪었지만 이러한 일은 우리에게 좋은 약이 될 것이다. 최근 우리 사회는 또 다른 어려움에 처해 있다고 본다. 정치적으로나 경제적으로나 많은 문제가 있고 우리의 마음을 둘 곳이 없다. 몇몇 사람의 정치인들에게 우리가 도움을 청할 것이 못되고 경제인들에게 도움을 청할 수도 없다. 이스라엘인들은 "나의 도움이 여호와에게서로다"라고 한다. 우리도 눈을 들어 산을 바라보고 우리의 도움이 여호와에게서인 것을 알아야 한다.

1 눈을 들어 하나님을 바라보아야 한다.

우리는 하나님께 우리를 맡겨야 한다. 세상을 사는 동안 어떤 피조물에게 의존할 수 없다. 어떤 인간이나 도구나 삶의 수난이나 이차적인 것에 의존하지 말아야 한다. 어떤 번역에는 이렇게 말한다. "내가 산을 향하여 눈을 들어야 하겠는가, 나의 도움이 거기서 오는가" 그렇지 않다. 나의 도움이 천지를 지으신 여호와에게서 온다. 하나님의 피조물인 인간이 또다른 피조물에게 의존할 이유가 없다. 시편 123:1에는 "하늘에 계신 주여 내가 눈을 들어 주께 향하나이다"라고 하였다. 우리가 어려운 일을 당할 때에 우리의 눈을 들어 주께 향해야 한다. 우리 하나님은 어두운 밤일수록 별이 더 빛나게 하신다. 눈을 들어 주께 향하면 아무 것도 없는 것 같으나 거기에 소망이 있다.

2 도움의 근원은 하나님이시다.

이스라엘은 그들의 도움이 하나님이신 것을 고백한다. 땅의 어떤 것이 아니라 여호와께서만이 그들의 도움이 되실 수가 있다. 살아계신 하나님이 우리의 도움의 근원이시다. 그 하나님이 우리와 함께 계시고 우리의 도움이 되신다는 고백은 가장 큰 힘이다. 시편 28:7에는 "여호와는 나의 힘과 방패시니 내 마음이 저를 의지하여 도움을 얻었도다"라고 하였다. 그들의 광야에서의 생활은 전적으로 하나님의 도움의 시기였다. 싸움도, 양식도, 길의 인도도 다 하나님의 것이었다. 지금 우리에게도 마찬가지다. 우리를 구원하시고 승리하게 하시고 우리의 생활에서 보호하시는 분은 하나님이시다. 세상의 어떤 것도 이러한 하나님의 사랑에서 우리를 끊을 수 없다.

3 도움의 내용

하나님의 우리를 지키시는 자이시다. 이스라엘 사람들의 격언에는 "하나님이 우리와 함께 하시면 거미줄도 철벽 같고 함께 하시지 아니하면 철벽도 거미줄같다"는 말이 있다. 하나님이 함께 하시면 우리는 언제나 안전하다. 하나님은 실족지 않게 하신다. 낮의 해와 밤의 달도 해치 못하게 하시며 모든 환난을 면하게 하신다. 하나님이 함께 하지 아니하시면 잠시도 살 수 없는 사람들이지만 함께 하셔서 모든 시험을 이기게 하신다. 그리고 그 뿐만 아니라 영혼을 지키신다. 이것이 우리에게 가장 중요한 일이다.
이 시는 성전에 올라갈 때 부른 노래이다. 성전에 올라가는 자세를 말하고 있다. 우리가 주의 전을 찾을 때마다 감사로 하나님의 도움을 노래하자.

오순절후 여덟번째 주일 The Eighth Sunday of Pentecost

소재 : 해바라기(Sun flower)
국화(Chrysanthemum)
쏠리다스타(Solidaster)
난잎(Iries)

8월 첫째 주

본문: 시 24:1-2, 고전 3:10-15

교독문: 27, 시 121편
찬 송: 37, 408

바다 위의 터

여름이면 바다가 최고의 피서지가 된다. 바다로 나아가는 계절을 맞이하여 바다의 의미를 다시 생각해 보고 성경의 의미로 새로워져야 할 것이다. 성경은 바다를 하나님이 태초에 물을 모으시고 정하신 것이 바다라고 한다. 구약에는 홍해라는 바다가 있고 신약에는 갈릴리라는 바다가 있는데 구약의 바다는 구속의 바다요 신약의 바다는 풍요의 바다이다. 이것이 구약과 신약이 가리키는 바다이다. 바다는 하나님의 나라와 상반적인 세상의 나라를 의미하지만 결국 하나님께서는 세상의 나라를 지배하실 것이다. 우리나라는 바다와 밀접한 관계를 가지고 있는데 바다를 잘 보존해야 할 것이며 바다의 의미를 바르게 알아야 할 것이다. 오늘의 시가 말하는 바다는 무엇인가?

1. 먼저 우주의 통치자이신 하나님을 높인다.

시의 시작은 하나님의 통치권을 높이는 것이다. 전 세계가 하나님의 것이다. 땅과 거기 충만한 것이 다 하나님의 것이다. 땅은 표면이 아니라 그 속에 충만하다. 충만한 모든 것이 다 하나님의 것이다. 그리고 세계와 그 중에 거하는 모든 사람이 다 하나님의 것이다. 이 말은 하나님이 창조자이심을 인정하고 우리가 피조물된 것을 인정해야 한다. 그러므로 모든 피조물은 하나님의 명령에 순종하고 하나님의 통치를 따르면 편안하다. 그러나 그 통치에 역행하면 괴롭고 고통이 따른다. 그런데 사람은 하나님의 뜻을 역행하려고 할 때가 많이 있다. 하나님의 방향이 아닌 방향으로 앉아서 하나님의 방향을 불평할 것이 아니라 우리가 자세를 바꾸어야 한다. 그래야 쉽고 형통한 삶을 산다.

2. 바다는 하나님의 터이다.

하나님은 바다와 강위에 터를 두셨다. 성경은 물이 모이게 하시고 물에서 뭍이 솟아나게 하셔서 땅이라 하셨다고 한다. 물은 분명히 지구를 싸고 있는 것이다. 그리고 하나님은 그 위에 터를 세우셨다. 세상은 전부가 하나님의 것이고 하나님의 터전이다. 그런데 사람들이 자기의 터로 만들려고 할 때에 하나님은 진노하시고 인간을 멸망시키셨다. 바벨탑 사건이 그러했고 모든 군왕들이 그러했다. 세상에 자기의 터를 세우려던 자의 자취는 사라지고 하나님의 터는 견고하게 서 있다.

3. 세상 권세 위에 하나님의 질서를 세우신다.

바다와 강은 가나안 신비종교에서 하나님의 질서를 파괴하는 세상의 세력의 상징이다. 여호와께서는 혼돈의 세력을 상징하는 바다와 강을 통제하여 그 위에 질서 있는 하나님의 세계를 건설하셨다. 분명히 성경은 바다를 세상의 나라를 상징한다. 바람도 있고 풍랑도 있는 곳이다. 하나님의 명령을 떠나 도망하던 요나에게만 풍랑이 있는 것이 아니라 말씀을 전하러 가던 바울에게도 풍랑은 있다. 예수님 없이 가던 제자들 뿐만 아니라 예수님과 함께 가던 제자들도 풍랑을 만난다. 누구나 바다의 풍랑은 만나지만 하나님은 종래 바다를 지배하시고 예수님의 잔잔하라는 한마디 말에 순종한다.

사도요한이 세상의 권세 때문에 밧모섬에 유배갔지만 바다를 바라보며 바다소리를 들으며 하나님의 묵시를 기록하였다. 우리도 바다를 통하여 하나님의 권능이 세상의 권세를 이김을 알고 하나님의 나라를 볼 수 있는 신앙을 가지자.

오순절후 아홉번째 주일 The Ninth Sunday of Pentecost

소재 : 잎새란(New Zealand flax)
　　　설유화(Thuberg spirea)
　　　글라디올러스(Gladiolus)
　　　리시안서스(Prairie gentian)
　　　마란타(Maranta)

8월 둘째 주

본문: 겔 37:15-23, 갈 5:14

교독문: 28, 시 127편
찬 송: 43, 202

희년의 해의 광복

광복절을 다시 맞이하였다. 올해는 광복 50주년을 맞이하여 희년이라고 한다. 해방당시에 1600만이던 우리 인구가 이제 4400만이 되었고 교인의 수도 25만에서 1000만으로 성장하였다. 광복은 독립투사들의 열정적인 독립운동과 국제적 도움과 교회의 역할과 그리고 그 위에 하나님의 은혜로 가능하게 되었다. 그러나 우리에게는 통일이 없이는 완전한 광복이 있을 수 없다. 성경은 민족적인 해방도 가르치고 사회적인 해방도 가르치고 영적인 해방도 가르친다. 희년의 해를 맞이하여 희년의 의미와 참 자유의 의미를 다시 한번 생각해 보자.

1 희년의 자유

희년이란 레위기에서 말씀하고 있는 하나님의 규례이다. 희년은 세가지 내용을 가지고 있는데 토지반환과 부채탕감과 노예해방이다. 희년은 안식년에 기초하고 안식년은 안식일에 기초하는 안식의 규례이다. 희년이 되면 모든 것이 쉬고 다시 주인에게로 돌려지는 자유의 해인 것이다. 사람들은 쉬지 않고 욕심으로 취하기 때문에 사람들이 재물이나 시간으로부터 자유로와지게 하기 위하여 희년을 만드신 것이다. 희년은 우리가 다른 사람에게 자유를 주는 자유의 규례이다. 그러므로 희년을 맞이하여 자유의 의미를 다시 한번 생각해 보아야 할 것이다. 레위기의 희년은 통회로 시작한다. 우리가 남북간에 불신했던 과거에 대한 회개가 곧 희년의 시작인 것이다.

2 해방과 자유

자유란 하나님이 인간에게 주신 가장 큰 선물 가운데 하나이다. 하나님은 인간에게 누구에게나 자유하기를 원하신다. 예수님이 오심으로 모든 사람이 자유하게 하신 것이다. 그러므로 예수를 믿는 사람은 자유할 줄 알아야 한다. 사람은 자유를 누리는 만큼 그 인격이 나타난다. 그런데 어떤 사람은 자기 자신으로부터 자유하지 못하고 또 어떤 사람은 다른 사람으로부터 자유하지 못한다. 해방은 하나님께서 우리 민족에게 주신 민족적 자유이다. 그러므로 우리가 자유를 누릴 줄 아는 사람이 되어야 한다. 성경은 "그리스도께서 우리를 자유케 하시려고 자유를 주셨으니 그러므로 굳세게 서서 다시는 종의 멍에를 매지 말라"고 하신다. 종이 되는 것도 잘못이고 지배를 받는 것도 잘못이다.

3 통일과 자유

완전한 광복은 통일로서 가능하다. 우리가 통일을 원하는 것은 원래 하나이기 때문이다. 통일이 없이는 우리는 하루도 편할 수 없다. 통일이 없기 때문에 얼마나 많은 인력과 재정과 힘을 쓸데없이 낭비했는지 모른다. 안보가 국시가 되어 많은 사람이 괴로움을 받았던 때도 있었다. 우리에게는 통일이 없이는 자유가 있을 수 없다. 평안이 있을 수 없다. 북한의 실정은 참으로 딱한 모양이다. 쌀을 구걸해야 하는 형편이다. 그러나 쌀이 없어 굶주린 동포를 생각하면 편치 못하고 북한의 주민이 굶주림 가운데 있는데 우리가 자유할 수 없다.

우리의 통일은 정치적 해결이나 국제적 분위기에 의해서가 아니라 하나님의 손에서 하나가 되어야 한다. 하나님은 "내 손에서 둘이 하나가 되리라"고 하신다. 하나님 안에서 통일을 속히 이루는 슬기로운 민족이 되자.

오순절후 열번째 주일 The Tenth Sunday of Pentecost

소재 : 소나무(Pine)
글라디올러스(Gladiolus)
국화(Chrysanthemum)
백합(Lily)
무궁화(Rose of Sharon, Syrian hibiscus)

8월 셋째 주

본문: 시 1:1-2, 요 1:43-51

교독문: 29, 시 130
찬 송: 75, 323

무화과 나무 아래서

예수님의 처음 제자 가운데 나다니엘은 공관복음서에는 그의 이름이 나타나지 않는다. 요한복음에는 그의 이름이 있지만 공관복음서에는 바돌로매라는 이름이 나오는 동일인이다. 그는 안드레, 베드로, 빌립과 한 동네 사람으로서 예수님을 만나게 되고 예수님의 제자가 되었다. 예수님은 그가 빌립과 함께 오기 전에 이미 그를 무화과 나무 아래에 있을 때에 알았다고 하셨다. 우리에게도 무화과 나무 아래 같은 장소가 필요하다. 삭개오의 뽕나무나 사울의 다메섹 도상 같은 장소가 있어서 예수님을 만나고 예수님께 인정받는 자리가 필요한 것이다.

1. 무화과 나무 아래는 그의 순수한 성품이 배양된 곳이다.

예수님께서는 그를 보시고 "보라 이는 참 이스라엘 사람이다"라고 하셨다. 그가 참 이스라엘 사람으로 인정 받고 예수님이 보신 곳은 무화과 나무 아래였다. 예수님의 제자 가운데 누구도 듣지 못한 칭찬이었다. 그는 무화과 나무 아래서 아름다운 성품을 배양하였고 이 아름다운 성품이 예수님께 용납이 된 것이다. 참 이스라엘 사람의 조건은 "그 속에 간사한 것이 없는 것"이다. 우리에게도 간사한 것이 없어야 참 하나님의 사람이 되고 참 그리스도인이 된다. 예수님의 제자는 말 잘하거나 똑똑한 사람이 아니라 간사하지 않은 신실하고 정직한 사람이 요구된다. 우리도 간사한 것이 없어야 좋은 그리스도인이요 좋은 사회인이 된다. 이러한 사람을 사회는 요구하고 있다.

2. 무화과 나무 아래서 그는 성경을 묵상하고 있었다.

탈무드에는 "무화가 나무 아래는 공부하기 좋은 곳"이란 말이 있다. 아마 그는 그 말에 따라서 무화과 나무 아래서 성경을 묵상하고 있었을 것이다. 특별히 창세기 28장의 야곱이 꿈에 하늘나라의 사닥다리를 본 광경을 읽고 있었을 것이다. 성경을 열심히 상고하는 모습을 예수님께서 미리 보시고 그의 제자로 삼기로 하신 것이다. 시편은 율법을 주야로 묵상하는 자가 복이 있다고 하였다. 루터와 종교개혁자들은 "성경으로 돌아가자"는 운동을 하였다. 성경 외에 사람의 결정과 사람의 생각이 앞서는 것을 거부한 것이다. 성경을 묵상하며 열심히 상고하는 자가 되어야 하고 이러한 장소가 우리에게 있어야 한다.

3. 무화과 나무 아래는 메시야를 기다리는 곳이다.

메시야 대망은 이스라엘의 숙원이었다. 그들은 수천년을 메시야를 대망하며 살아왔다. 나인성 과부의 아들을 살렸을 때에 그들은 "큰 선지자가 무리 가운데 일어나셨다"고 하였다. 수가성의 여인도 예수님을 만났을 때에 "내가 메시야를 만났다"고 하였다. 간절한 마음으로 메시야를 대망하던 나다나엘이 드디어 예수님을 만나게 되고 예수님께 "하나님의 아들이며 이스라엘의 임금"이라고 고백하였던 것이다. 우리에게도 이러한 메시야 대망의 신앙이 있어야 하고 특히 예수님의 재림의 신앙을 가지고 살아야 한다.

더운 날씨 가운데 시원한 나무 그늘을 찾을 때마다 나다나엘의 무화과 나무 아래를 생각하며 우리에게도 이러한 자리가 있어야 할 것이다.

오순절후 열한번째 주일 The Eleventh Sunday of Pentecost

소재 : 범부채(Blackberry-lily)
　　　나리(Tiger lily)
　　　망게(Green brier)

8월 넷째 주

본문: 왕하 2:18-22, 요 4:13-14

교독문: 30, 시 139
찬 송: 55, 316

영생하는 샘물

물이 가장 많을 때에 가장 귀한 것은 물이라고 한다. 지난 며칠간 비가 많이와서 고생하였지만 물에 대한 교훈을 깊이 새기자. 가장 풍요로울 때에 가장 기근에 시달리기 쉽다. 요한복음은 대화의 책인데 예수님과 수가 우물가의 여인과의 대화를 통하여 예수님은 그에게 영생하는 샘물을 주시고 예수님을 만나 증거하게 하셨다. 사람이 사는데 물 없이 되는 게 아무 것도 없다. 물은 곧 생명이다. 우리가 잘 아는 주님과 여인과의 대화를 통하여 우리의 생명인 물을 다시 생각해 보고 영생하는 샘물이 풍성하게 공급되기를 원한다.

1 영생하는 샘물을 누구에게 주었나?

예수님과 대화가 되는 사람에게 영생하는 샘물을 주셨다. 이 수가성의 여인은 얼마든지 예수님과 만나지 못할 여건들이 많이 있었다. 특별히 그녀에게는 예수님을 만나지 못할 두가지 장애가 있었다. 하나는 사마리아인과 유대인의 차이였다. 당시에는 유대인과 사마리아인은 서로 상종하지 않는 관계였다. 유대인은 사마리아인을 이방인 취급하여 개라고 하였다. 당시의 신분의 차이란 극복하기 힘든 장애이다. 두번째 장애는 남녀의 차이이다. 우리나라도 그러했지만 당시의 유대나라는 남녀의 차이가 심하여 부부간이라도 밖에서는 대화하지 않았다. 그런데 유대인 남자인 예수님과 이방인 여인 사이에 대화를 통하여 예수님은 영생의 샘물을 주셨다. 이러한 장애를 극복하는 사람에게 영생의 샘물은 주어진다.

2 영생하는 샘물은 누구인가?

영생하는 샘물은 주님 자신이시다. 예수님은 이 여인에게 물을 주시겠다고 했지만 물을 주신 적이 없다. 예수님은 자신을 주신 것이다. 물은 생명이며 누구에게나 필요한 것이다. 물은 유연한 것이며 어떤 곳에나 침투한다. 그러므로 물은 가장 강하다. 즉 가장 유연한 것이 가장 강한 것이다. 예수님은 유연하지만 가장 강하였고 예수님을 믿는 사람들은 가장 유연하지만 가장 강한 사람이다. 겉으로 강하기만 한 사람은 꺾이지만 유연한 사람은 꺾이지 않고 견디며 가장 강한 사람이다. 요셉은 구약의 예수님의 모형이다. 야곱은 그의 아들들에게 축복하면서 요셉에게 "샘곁의 무성한 가지"라고 하였다. 풍성한 생명을 주는 것을 의미한다. 가장 약한 것 같지만 가장 강한 예수님이 영생하는 샘물이다.

3 영생하는 샘물은 어떤 물인가?

영생하는 샘물은 영원히 목마르지 아니한 샘물이다. 사람은 누구나 목말라 한다. 지식에 목마르고, 사랑에 목마르고, 물질에 목마른 것이 사람이다. 그러나 영생하는 샘물을 마신 사람은 목마르지 않고 만족한 삶을 산다. 세상에 모두가 부족하게 살지만 여호와를 목자로 삼는 사람은 부족함이 없다. 바닷물은 물은 많지만 마시지 못하며 마시면 더욱 갈증을 느끼게 된다. 세상의 모든 것은 있으면 더욱 필요하고 갈증을 느끼게 되는 것이다. 우리는 많은 물이 아니라 주님 한 분으로 만족할 수 있다.

물은 언제나 위에서 아래로 흐른다. 영생하는 샘물은 누구나 다 먹을 수 있지만 누구나 다 먹는 것은 아니다. 영생하는 샘물과 함께 날마다 풍족한 삶을 사는 성도들이 되자.

오순절후 열두번째 주일 The Twelfth Sunday of Pentecost

소재 : 왕골(Cyperus exaltatus retz)
　　　설유화(Thuberg spirea)
　　　나리(Tiger lily)
　　　다알리아(Garden dahlia)
　　　홍싸리(Bush clover)

9월 첫째 주

본문: 시 62:11-12, 마 25:31-40

교독문: 31, 시 142
찬 송: 40, 369

마지막 심판

오늘의 본문은 가장 엄한 성경의 귀절이다. 그래서 읽기를 꺼려하기도 한다. 그러나 우리는 누구나 가난한 자의 고통의 소리를 들어야 하며 우리가 가진 소유에 대하여 다시 한 번 생각해 보아야 한다. 예수님은 본문에서 인간의 권리에 대하여 말씀하신다. 사람은 태어날 때부터 먹을 권리, 살 권리, 입을 권리, 치료받을 권리를 가지고 있다. 지극히 작은 소자에게 이러한 권리를 나누어 주면 하나님의 나라도 나누어 줄 것이다. 예수님께서는 실천적인 분이시기 때문에 가난한 자와 억눌린 자를 위하여 오셨다고 하셨고 성만찬에서도 자신의 것을 주셨다. 그리고 어리석은 부자의 비유에서는 부를 자랑치 말 것을 경고하신다. 마지막 심판의 말씀을 들어보자.

1 배고플 때 먹을 것을 주지 아니하였다.

누구나 이 지구상에는 먹지 않고 살 수 있는 사람은 없다. 그러나 이 세상에서 하루에도 수백만의 사람이 굶주리고 있는 것은 부끄러운 일이다. 만성적인 기근 때문에 죽는 어머니와 아이들도 있다. 방글라데시에서는 30~40%의 어린이가 기근과 질병으로 5세 이전에 죽는다.

2 목마를 때에 물을 주지 아니하였다.

예수님께서는 십자가에 못박혀 돌아가실 때에 "내가 목마르다"고 하셨다. 예수님은 인간의 영혼에 목말라 하셨다. 사마리아의 여인은 예수님께로부터 생수를 얻고 완전하게 새 사람이 되었다. 우리는 이 세상에서 생존을 위한 깨끗한 물이 필요하다. 그러나 방글라데시에는 더러운 세균이 우글거리는 물을 마신다. 사람은 누구나 깨끗한 물을 마실 수 있어야 한다.

3 벗었을 때에 입을 것을 주지 아니하였다.

옷을 입지 않고 살 수 있는 사람은 없다. 에덴동산에서 하나님은 아담과 하와에게 입을 것을 지어주셨다. 십자가 아래의 군병들이 예수님의 옷으로 도박을 한 것은 비극이었다. 사람은 누구나 자신을 가지고 살 권리가 있음에도 벗은 사람이 있고 어떤 이들은 너무나 사치하고 호화스런 옷을 입고 있다. 지금도 옷이 없어 추위에 떠는 사람이 있다.

4 나그네 되었을 때에 영접하지 아니하였다.

사람은 누구나 집이라고 부르는 자신의 머리를 가릴 수 있는 지붕이 있어야 한다. 그러나 방글라데시에만도 수백 수천만의 사람들은 정거장의 통로에서 마대나 가마니를 덮고 자는 사람들이 있다. 비가 오면 젖고 홍수가 나면 떠내려갈 수밖에 없는 사람들이다.

5 병들었을 때와 옥에 갇혔을 때에 돌보지 아니하였다.

많은 사람들은 폐결핵, 암, 에이즈 그리고 갖가지 질병으로 죽는다. 하루살이 생활을 하는 사람들은 병이 나도 치료 한 번 받지 못하고 세상을 떠나고 만다. 이런 사람들에게 눈을 감고 못 본척할 수 없을 것이다.

한국은 훌륭한 나라이며 한국교회는 좋은 일을 많이 하였다. 그러나 한국을 넘어서 세계인을 바라보아야 한다. 하나님은 하나님께서 주신 은혜를 세계인과 함께 나누기를 원하신다. 작은 것을 나누면 큰 변화를 가져올 것이다. 하나님은 나누는 우리에게 하나님의 나라도 나누어 주실 것이다.

오순절후 열세번째 주일 The Thirteenth Sunday of Pentecost

소재 : 글라디올러스(Gladiolus)
　　　마란타(Maranta)
　　　카네이션(Carnation)

9월 둘째 주

본문: 창 12:1-5, 롬 4:16-17

교독문: 32, 시 143
찬 송: 37, 344

믿음의 조상이 되라

추석은 설, 단오, 한식과 더불어 우리나라의 전통적 사대명절이다. 추석이 되면 반드시 고향으로 가서 성묘하고 제사를 지내야 한다는 것이 우리의 전통적 사고이었다. 이것은 우리의 사상과 죽음에 대한 사고에 연유한다. 원래 추석은 복지관행이 발달한 명절이었다. 제수를 함께 나누며 송편을 빚어서 솔잎에 찐 다음에는 솔잎을 따온 가난한 사람들에게 송편을 나누어주던 것이 우리의 전통이다. 조상제사는 기독교가 우리나라에 들어올 때에 가장 심각한 갈등을 일으킨 것 가운데 하나이다. 기독교는 효를 반대하는 것이 아니라 귀신을 섬기는 것을 반대하는 것이다. 성경은 철저하게 하나님께만 절하라고 하기 때문이다. 그러므로 우리는 육신의 조상이 아닌 믿음의 조상이 되기 위하여 노력하여야 한다.

1. 옛날 옛시대에 깨신 것 같이 깨기를 기도한다

아브라함은 모세의 율법을 예견하고 율법을 잘 지켜 열국의 조상이 되었다고 외경은 설명한다. 그러나 성경은 율법에 속한자들이 후사이면 믿음은 헛 것이라고 한다. 아브라함은 율법으로 율법가진자의 조상이 된 것이 아니라 믿음으로 믿음의 조상이 된 것이다. 롬 4:16의 "믿음으로" 된다는 것은 그 출처가 믿음에 있다는 의미로서 "율법으로 말미암아"의 반대말이다. 율법으로라는 말은 수단과 방법을 의미하는 것이다. 아브라함은 하나님께로 나와서 믿음의 조상이 된 것이다. 지금도 육신의 아버지가 아니라 믿음의 아버지가 오래 기억되고 자랑이 되고 감동이 되는 것이다.

2. 믿음의 조상이 되는 조건

아브라함은 하나님이 갈대아 우르에서 불러내시고 롯과 결별한 다음에 하늘의 뭇 별과 같이 자손이 많아질 것이라고 하였다. 후에 다시 하나님은 열국의 아비가 되리라고 하신다. 하나님은 고향에서 번성한 가정을 꿈꾸던 아브라함이 아니라 고향을 떠나 의지하던 조카와 헤어진 다음에 하나님은 많은 후사를 주시겠다고 하신 것이다. 하나님과의 개인적 관계, 하나님만 의지할 때에 많은 사람의 아비가 되게 하신 것이다. 롬 4:17에는 "내가 너를 많은 민족의 조상으로 세웠다"라고 하셨다. 아브라함이 믿음의 조상이 된 것은 하나님의 절대적 권한이며 지명이었다. 신앙의 조상이 된 것은 철저하게 피택적 은사이다. 의지로 부모가 되고 자녀가 된 사람은 없다. 단지 하나님의 은사 때문이다.

3. 믿음의 조상이 된 결과

아브라함은 모든 사람의 조상이 되었다. 율법적으로는 한 사람의 아버지이지만 믿음으로 그는 모든 사람의 조상이 된 것이다. 이 말은 시간적으로 과거의 믿은 자 뿐만 아니라 현재의 그리고 미래의 믿을 자 까지도 포함하는 말이다. 우리가 기껏해야 수십 명의 직계 후손을 생전에 볼 수 있지만 믿음으로는 모든 사람의 믿음의 조상이 된다. 더구나 4대손에게는 대접을 받지 못하는 법인데 믿음으로는 모든 사람에게 대접을 받게 된다.

우리가 우리의 자녀 뿐만 아니라 모든 신앙인의 부모가 되고 자녀가 되어, 많은 사랑을 받고 믿음을 전수해 나가는 믿음의 사람들이 되자.

오순절후 열네번째 주일 The Fourteenth Sunday of Pentecost

소재 : 글라디올러스(Gladiolus)
　　　 카네이션(Carnation)
　　　 천일홍(Glove amaranth)
　　　 버들(Willow)
　　　 드라세나(Dracaena)

9월 셋째 주

본문: 겔 4:9-17, 계 3:1-6

교독문: 33, 시 150편
찬 송: 36, 195

영혼을 더럽히지 않는 신앙생활

영혼의 문제는 가장 까다로운 신학적 주제이다. 심지어는 여자에게는 영혼이 없다는 말도 있었고 흑인에게는 영혼이 없다는 신학적 뒷받침도 있었다. 사람은 영혼과 육체로 되어 있기 때문에 영혼이 강건해야 하며 육체만 가지고는 살 수 없다. 예수님께서도 영혼을 아버지 손에 부탁하실 만큼 영혼을 중요하게 생각하셨고 영혼불멸에 대한 설은 오랫동안 인간에게 전해져 왔다. 인간은 영육합일체이기 때문에 육체와 영혼이 혼자서는 아무것도 할 수 없지만 함께라면 무엇이든지 할 수 있다. 그러므로 깨끗하게 지켜서 영혼을 더럽히지 않는 신앙생활의 지혜를 얻어야 한다.

1 혼합된 생활을 하지 않는다.

영혼을 더럽히지 않으려면 혼합된 생활을 하지 말아야 한다. 9절에는 "밀과 보리와 콩과 팥과 조와 귀리를 가져다가 한 그릇에 담고"라고 한다. 좋은 음식부터 나쁜 음식까지 차례로 열거한 곡식들은 혼합식이다. 율법은 혼합곡을 한 그릇에 넣고 혼합식을 만드는 것을 금지한다. 에스겔이 영혼을 더럽히지 아니하였다는 것은 이러한 혼합적인 삶을 살지 않겠다는 의지이다. 하나님을 섬기는 자는 동시에 다른 신을 섬길 수가 없고 혼합된 정신을 가지고 살 수가 없다. 다니엘은 하나님 외에 다른 신에게 절할 수 없다는 의지로 사자굴에 던져졌으며 세 친구는 풀무불에 들어가면서도 이방의 음식을 거절하였다. 세상과 하나님을 동시에 섬길 수 없다. 하나이신 하나님을 굳게 믿는 믿음이 영혼을 더럽히지 않고 강건하게 해준다.

2 부정한 생활을 하지 않는다.

기근에 대한 경고를 하시면서 하나님은 이스라엘 백성이 부정한 떡을 먹으리라고 하신다. 범죄한 백성들이 부정한 가운데 던져지게 된다. 영혼을 더럽히지 않는 생활은 부정한 것을 하지 않는 것이다. 아무리 깨끗한 물건이라도 더러운 것에 담아 놓으면 더러워지는데 우리의 영혼이 더러운 육체와 함께 있으면 더러워진다. 그러므로 부정한 삶에서 떠나야 한다. 부정한 생각을 아예 우리의 생각에서 몰아내야 영혼을 더럽히지 않고 건강해진다. 하나님의 사람들은 세상의 방식대로 살 수 없다. 세상의 일반적 진리로 살면 부정하게 될 수밖에 없다. 그러므로 그리스도인은 그리스도의 방식으로 살아야 한다.

3 율법을 떠나 양식을 의뢰하지 않는다.

영혼을 더럽히지 않게 하기 위하여 율법을 떠나지 말아야 하며 양식을 의뢰하지 않겠다는 선지자의 의지이다. 먹는 것에만 관심을 가지고 하나님의 말씀에 관심을 가지지 않는 그들에게 하나님은 의지하던 양식을 끊으신다. 인간이 의뢰해야 하는 것은 하나님인데 양식을 의뢰하면 영혼은 더럽혀지고 양식마저 잃어버린다. 하나님을 의뢰하면 영혼이 깨끗해지고 양식도 공급된다. 우리의 영혼은 세상의 물질 때문에 살찌는 것이 아니라 하나님의 말씀으로 강건해진다. 우리의 영혼은 하나님 한 분으로 만족하며 풍요해진다.

진정한 내 자신은 육체가 아니라 영혼이다. 영혼은 가꿀수록 빛나며 아름다운데, 영혼을 가꾸고 더럽히지 않는 신앙생활을 하는 그리스도인이 되자.

오순절후 열다섯번째 주일 The Fifteenth Sunday of Pentecost

소재 : 소국(Chrysanthemum)
집시카네이션(Carnation)

9월 넷째 주

본문: 창 2:15-17, 살전 3:7-10

교독문: 34, 잠 3장
찬 송: 31, 493

우리가 이제는 살리라

생명에 대한 인간의 의지는 어떤 것보다 강한 것이다. 살기 위해서 땀을 흘리고 수고하여도 쉽게 감당한다. 그런데 최근에 와서는 생명경시 풍조로 너무 쉽게 죽이고, 너무 쉽게 죽는다. 생명에 대한 하나님의 명령은 지엄하시다. 하나님만이 만드실 수 있는 생명을 사람이 마음대로 하지 못하게 하신 것이다. 예수님도 온 천하를 주고도 목숨과는 바꿀 수 없다고 하셨다. 사람이 살려고 하는 일에 더욱 관심을 가져야 한다. 무엇보다도 영적으로 새로 사는 일에 관심을 가져야 하며 다시 살아야 한다. "우리가 이제는 살리라"는 말씀은 죽었던 영이 다시 산다는 의미로 받아들여져야 한다.

1 왜 주었나?

하나님께서는 동산에 만드신 사람을 살게 하시기 위하여 모든 열매를 먹게 하셨고 동산 가운데 있는 선악과를 먹지 못하게 하셨다. 그러나 사람은 수 많은 허용된 것이 아니라 한 가지 허용되지 않은 것을 선택하였고 이것이 죽게 된 원인이었다. 사람은 불순종과 잘못된 선택으로 말미암아 죽었다. 하나님께서 가게 하는 것은 육체와 더불어 영혼이며 영혼이 죽는 것은 육체가 죽는 것보다 더욱 비참하고 무서운 것이다. 왜냐하면 육체가 죽으면 영혼만 남아서 다른 사람을 해롭게 하지 못하지만 육체가 살고 영혼이 죽으면 다른 사람에게 해가 되기 때문이다. 사람이 죽는 것은 하나님이 만드신 이치이지만 죄를 범한 사람이 사는 것은 더욱 큰 죄악이다.

2 어떻게 사나?

오늘의 성경은 "너희가 굳게 선즉 우리가 이제는 살리라"고 하였다. 사는 법은 굳게 서는 것이다. 주 안에 견고히 서서 흔들리지 않는 것이 사는 일이다. "살리라"는 말씀은 숨을 다시 쉰다는 뜻이다. 산다는 것은 숨을 쉬는 것이다. 하나님께서 사람을 처음 만드실 때에 흙으로 빚어진 사람이 살게 된 것은 하나님의 숨을 불어넣으셔서 숨쉬게 하셨기 때문이다. 예수님께서는 "나를 믿는 자는 죽어도 살겠다"고 하셨다. 사는 방법은 예수님을 믿는 것이다. 우리가 사는 길도 주안에 굳게 서는 일이며 우리 사회가 무엇인지 모르게 늘 답답하지만 주안에 견고하게 서면 답답함이 사라지고 다시 숨쉬게 될 것이다.

3 우리가 살았나, 죽었나?

세상에 수많은 산 자와 죽은 자 사이에서 우리가 산 사람인가 아니면 죽은 사람인가. 세상에 많은 사람들은 자신이 죽고도 산 줄로 알고 있고 어떤 이는 살고도 죽은 줄 안다. 사데교회는 "살았다는 이름은 가졌으나 실상은 죽은자"라는 말을 들었다. 그들이 살았다고 하지만 하나님은 이미 그들을 죽은 자로 보셨다는 두려운 말씀이다. 반면에 바울은 "죽은 자 같으나 보라 우리가 살고"라고 하였다. 참으로 대조적인 삶과 죽음의 갈등을 볼 수 있다. 우리가 산 자와 같은 죽은 자인지 아니면 죽은 자 같은 산 자인지 돌이켜 보아야 한다. 우리가 하나님의 눈에 산 자인지 아니면 세상의 눈에 산 자인지도 살펴보아야 한다. 바울은 매일 죽노라 했지만 산 사람이었고 예수님의 말씀처럼 목숨을 잃고자 하면 얻는다. 우리가 이제는 살리라는 말씀처럼 날마다 죽으면서 사는 삶의 자세를 가지자.

오순절후 열여섯번째 주일 The Sixteenth Sunday of Pentecost

소재 : 피마자유(Castor oil plant)
　　　진달래(Korean rhododendron)
　　　황금편백(Gold Green Japanese cypress)
　　　오색크로톤(5color Croton)
　　　나리(Tiger lily)
　　　거베라(Gerbera daisy)

10월 첫째 주

본문: 신 31:42-47, 히 11:24-29

교독문: 54, 성례식
찬 송: 37, 399

여호와께서 명하심과 같았더라

우리가 사는 삶의 근거와 기초가 어디에 있는가? 때로는 미신과 현대과학이 상충하는 것 같지만 이 둘이 우리의 삶의 근거일 때가 있고, 자기중심적 경험이나 문화적 관습이 근거일 때가 있다. 우리의 삶의 근거는 하나님의 말씀이어야 하며 하나님의 말씀일 때에 흔들리지 않고 삶의 방향도 정해진다. 여호와께서 명하심과 같이 한 모세는 가장 확고한 삶의 근거와 방향을 가진 사람이었다. 자신의 경험이나 이성적 판단이 아니라 하나님이 말씀하시는대로 하는 삶이 가장 확실한 삶이다. 미디안과의 전쟁에서, 모세의 하나님께 대한 신뢰와 순종을 보고 우리도 순종을 배우자.

1 명하신대로 싸운다.

구약성경은 전쟁사이다. 하나님께서 하나님의 백성들을 이방과 싸우게 하신 역사이며 하나님이 싸우신 역사이다. 모세는 광야에 나왔을 때에 아말렉과 전쟁을 해야 했으며 이제 미디안과 전쟁을 한다. 하나님께서는 모세에게 이스라엘 자손의 원수를 미디안에게 갚으라고 하심으로 전쟁을 하라고 하신다. 우리의 삶은 언제나 전쟁이다. 세상과의 전쟁이며 마귀와의 전쟁이다. 하나님의 말씀대로 미디안과의 전쟁을 한 모세와 같이 우리는 하나님의 명령대로 세상에서 싸워야 한다. 하나님의 말씀대로 싸우는 전쟁이 승리할 수 있고 살 수 있다. 현대는 힘으로 싸우는 것이 아니라 지혜로 싸우는 시대이다. 지혜롭게 세상에서 싸우면 지혜롭게 승리한다.

2 명하신대로 가지고 왔다.

미디안과의 전쟁에서 승리한 모세는 7절에 하나님께서 말씀하신대로 전리품을 다 가지고 왔다. 전리품을 승리자가 취하는 것은 당연한 일이다. 하나님은 모세에게 가지라고 명하셨고 모세는 명대로 가지고 왔다. 세상에서 싸워 이긴 사람들이 세상에서 취하는 것은 당연한 일이다. 일하는 자가 대가를 얻어야 하며 열심히 일한 자가 일한 만큼 대가를 받아야 한다. 정당한 대가를 받는 것은 하나님의 명령이다. 사업하는 분들은 이를 남기고 돈을 벌어야 하며 돈을 많이 버는 것은 그리스도인으로서도 필요하다. 정당한 전쟁에서 이를 남기는 것은 하나님의 뜻이므로 명하신대로 승리자로서 취하는 자들이 되자.

3 명하신대로 드렸다.

탈취물을 나누는 하나님의 명령이 이어진다. 하나님은 탈취한 것들 가운데 반은 전쟁에 나갔던 사람에게, 반은 회중에게 주라고 하신다. 전쟁에 나가지 않았지만 받을 권리가 있다는 것이다. 이윤은 반드시 사회에도 환원되어야 한다. 모든 이윤이 사회와 함께 나누어야 하며 이렇게 해야 불균형과 경제적 차별이 없어진다. 또한 싸움에 함께 나갔던 자들의 절반에서 500분의 1을 제사장에게, 나가지 않았던 자들의 절반에서 50분의 1을 레위인에게 드리라고 하셨다. 이것은 다시 하나님께 드리는 것이다. 우리가 얻은 것 가운데서 하나님께 드리는 것은 가장 중요한 것이다. 우리가 세상에서 얻은 것 가운데서 하나님과 사회에 드려야 온전히 드린 것이 될 수 있다. 늘 말씀대로 살고 얻고 나누는 그리스도인이 되자.

오순절후 열일곱번째 주일 The Seventeenth Sunday of

소재 : 기린초(Crown of thorns)
　　국화(Chrysanthemum)
　　잎모란(Cabbage rose)

10월 둘째 주

본문: 사 51:9-11, 눅 1:49-55

교독문: 35, 사 35장
찬 송: 13, 458

여호와의 팔이여 깨소서

아버지의 팔은 아이들에게 힘과 위로가 된다. 자신을 지켜주는 보호자요 의지할 대상이 되기 때문이다. 이스라엘에게 하나님의 팔은 승리요 힘이다. 선지자는 하나님께 이스라엘을 다시 회복시켜주실 것을 기도한다. 그 기도의 내용은 여호와의 팔이 옛날과 같이 깨기를 바라는 것이다. 이스라엘을 지키시는 하나님은 졸지도 아니하시고 주무시지도 아니하신다고 했는데 왜 "여호와의 팔이여 깨소서"라고 하고 있는가? 이 말은 그들이 하나님을 멀리 떠나 나태한 가운데 있다는 것을 의미하며 한편 인간의 무력함을 고백하는 말이다. 지금의 우리에게도 이러한 기도가 필요하다. 우리나라와 교회가 영적으로 다시 회복되어야 하는데 하나님의 팔이 깨셔서 우리를 회복시켜야 한다.

1. 믿음의 조상인가 율법의 조상인가?

선지자는 하나님의 동일하심과 영원하심을 믿고 있다. 하나님은 옛날에 깨셔서 그들을 도우신 것 같이 지금도 그들을 도우시기를 원한다. 사람은 예나 지금이나 동일하지 못하고 얼마든지 변한다. 그러나 하나님은 예나 지금이나 항상 동일하셔서 옛날에 깨신 것 같이 지금도 깨신다. 사람들은 보수라고 하고 진보라고도 하지만 하나님은 언제나 동일하셔서 같은 힘을 다른 시대에 드러내신다. 그러므로 우리는 현실에 안주하지 말고 시대는 변하지만 동일하신 하나님의 팔에 의지해야 한다. 한국교회를 1907년에 성령으로 부흥되게 하셨던 하나님이 깨셔서 옛날과 같이 한국교회가 영적으로 각성되기를 원하며, 우리교회가 옛날과 같이 많은 사명과 지도적 역할을 감당하게 되기를 기도한다.

2. 여호와께서 깨시면 우리가 구속함을 받는다.

선지자는 옛날에 하나님께서 그들의 선조들에게 홍해를 건너게 하신 고사를 통하여 여호와께서 깨셔서 백성들이 구속함을 받은 것을 말한다. 앞에 가로막힌 홍해나 뒤에 쫓아오는 애굽의 군대라도 하나님은 넉넉히 하나님의 방법으로 물리치시고 구속하셨다. 지금도 아무리 진퇴양난이라도 하나님께서 깨시면 길이 열리고 구속이 있다. 홍해와 같은 물같은 시험과, 병거와 같은 적의 위협이 있어도 하나님이 깨시면 넉넉히 이긴다. 우리에게 두려움이나 좌절을 몰아내고 하나님의 팔을 의지하며 살 때에 구속함이 있다.

3. 여호와께서 깨시면 즐거움과 기쁨을 얻는다.

출애굽 후에 이스라엘 백성들은 기쁨으로 찬송한다. 여호와께서 구속하셨으므로 그들은 기뻐하고 즐거워한 것이다. 구속이란 곧 기쁨이다. 구속함을 받은 사람들은 하나님의 영광을 바라고 즐거워한다고 하였다. 여호와께서 깨시면 구속이 있고 구속함을 받으면 기쁨이 있다. 구속 이전에는 슬픔이요 탄식이었지만 구속은 기쁨과 즐거움이다. 이 즐거움에 사는 사람들은 복 있는 사람들이다. 성도는 그리스도의 기쁨의 종려가지이다. 종려가지는 기쁠 때에 흔드는 것인데 성도는 마치 그리스도의 손에 들린 종려가지 같은 것이다.

한국교회가 다시 영적으로 회복되기 위하여 여호와의 팔이 우리를 향하여 깨시기를 기도하자. 우리 교회가 영적으로 회복되어 민족을 이끌 수 있는 교회가 되기 위하여 기도하자.

오순절후 열여덟번째 주일 The Eighteenth Sunday of

소재 : 마가목(Mountainosh)
　　　목향나무(Ternstronia japonica thunb)
　　　수수(Indian millet)
　　　국화(Chrysanthemum)
　　　소국(Chrysanthemum)

10월 셋째 주

본문: 미 7:7-8, 히 12:1-2

교독문: 36, 사 40장 (1)
찬 송: 21, 394

여호와를 우러러 보며

한국교회는 영성적 기능에 치중하여 결과적으로 사회성을 상실하였다. 그리하여 많은 비윤리적 문제를 안고 있다. 한국교회는 이제 예언자적 기능도 회복하여 사회에 대한 교회의 사명을 충실하게 감당해야 한다. 미가는 당시의 유대사회의 죄를 지적하며 예루살렘의 멸망을 예언한다. 그 후에 예루살렘은 다시 메시아의 통치를 받게 될 것이고 이스라엘은 회개와 회복을 얻게 될 것이다. 회개는 회복을 보장한다. 이스라엘은 하나님의 심판을 받은 다음 비로소 회개하고 하나님께 돌아와 회복을 받는다. 그들이 여호와를 우러러 보는 까닭이 무엇이며 그 의미가 무엇인가를 보자.

1 여호와를 우러러 보는 것은 회개를 의미한다.

기도형식으로 이루어진 본문에서 선지자는 의인이 없음을 한탄하고 회개한다. 분명히 여호와를 우러러 보는 자세는 회개의 자세이다. 하나님을 우러러 보게 되는 자는 죄를 회개하게 된다. 회개하려면 여호와를 우러러 보아야 한다. 하나님과의 관계를 회복하지 않으면 하나님을 우러러 볼 수 없다. 세리는 감히 얼굴을 들지 못하고 자신이 죄인임을 고백하였다. 그러나 죄를 회개하고 사함을 받은 사람은 눈을 들어 하나님을 바라볼 수 있다. 하나님을 바라보지 않고 용서받은 사람도 없고 하나님을 바라보고 용서받지 못한 사람도 없다.

2 여호와를 우러러 보는 것은 신뢰를 의미한다.

이스라엘 백성들이 죄를 범하여 불신에 빠지고 하나님 앞에 징벌의 대상이 되지만 선지자는 하나님의 얼굴을 바라보며 신앙과 소망을 가진다. 새로운 힘을 얻고 하나님을 의지하고 하나님을 신뢰의 대상으로 확신한다. 의로운 자가 없는 이스라엘 가운데서 오직 구원자이신 하나님만을 신뢰한다. 그리고 여호와를 바라보며 힘을 얻고 도움이 되기를 기대한다. 시편 123:1에는 성전에 올라가며 눈을 들어 하나님을 향하는 순례자의 노래가 있다. 여호와를 우러러 보면 힘이 생기고 신뢰감을 가진다. 스데반도 눈을 들어 하나님의 영광과 예수님을 바라보게 되었다. 여호와를 우러러 보면 힘이 생기고 세상이 두렵지 않게 된다.

3 여호와를 우러러 보는 것은 기도의 응답을 의미한다.

선지자는 하나님께 기도하고 있다. 그리고 그는 하나님이 들을 것이라고 하였다. 그는 하나님을 우러러 보며 그의 기도가 응답됨을 확신한다. 하나님을 간절히 우러러 보면 기도가 응답된다. 예수님도 나사로를 살릴 때에 눈을 들어 우러러 보시고 기도하셨고 대제사장의 기도인 요한복음 17장도 눈을 들어 우러러 보며 기도하셨다. 우리가 기도할 때에 집중하기 위하여 눈을 감지만 우리의 마음이 우러러 하나님을 보아야 기도가 응답된다. 우리가 구체적으로 하나님의 뜻을 알고 응답받는 길은 기도이다. 눈을 우러러 하나님을 바라보고 기도하면 하나님께서 우리의 기도를 이루어주실 것이다.

눈을 들어 하나님을 바라볼 수 있는 청결한 마음을 가지고 여호와와 더불어 새 힘을 얻는 삶이 되자.

오순절후 열아홉번째 주일 The Nineteenth Sunday of Pentecost

소재 : 수수(Indian millet)
피마자유(Castor oil plant)
황금쥐팡(Border priver)
화초도마도(Chinese scarlet egg plant)
국화(Chrysanthemum)
과꽃(China aster)
조(German millet)

10월 넷째 주

본문: 사 30:18-26, 빌 3:20-21 교

교독문: 37, 사 40장(2)
찬 송: 25, 173

여호와를 기다리는 사람들

기다림이란 그 자체가 신앙은 아니나 신앙인의 중요한 모습이다. 신앙의 한 단면인 것이다. 구약의 대주제 가운데 하나는 메시야의 대망이었고 신약의 대주제의 하나는 예수님의 재림의 대망이다. 초대교회 교인들은 예수님이 오시리라는 기대 속에서 살았고 마라나타로 인사하였다. 오늘의 말씀에는 여호와를 기다리는 사람에게 복이 있다고 하신다. 심판으로 인해 화를 당하지만 하나님은 다시 그들을 구원해 주시고 복을 내리실 것이다. 그리스도를 대망하는 우리들이 옛날 여호와를 대망하던 이스라엘이 받은 축복을 생각하며 기다림의 신앙을 가지자.

1. 여호와를 기다리는 사람은 은혜를 받는다.

"여호와는 공의의 하나님이시라 무릇 그를 기다리는 자는 복이 있도다"고 한다. 구체적으로 하나님은 그들에게 은혜를 베풀려 하심이라고 하신다. 사람은 은혜가 아니고는 살 수 없는 존재이다. 매일의 삶 가운데서도 많은 사람에게 신세를 지고 살고 있고 하나님의 은혜가 아니고서는 살 수 없게 되어 있다. 은혜없이 못 사는 사람들이 은혜를 베풀지 못하고 사는 어리석음을 범하고 있다. 안나는 84년이나 과부로 살았지만 오래 기다림으로 예수를 만났고 시므온은 성전에서 오래 기다림으로 아기 예수님을 안고 찬송하는 복을 받았다. 우리는 오래 견딤으로 하나님의 은혜를 받는다. 지금은 은혜받을 만한 때요 지금은 구원의 날이라고 한 것처럼 기다리며 은혜를 사모하며 은혜 가운데 살자.

2. 여호와를 기다리는 자는 긍휼을 받는다.

하나님께서 일어나시면 긍휼히 여김을 받는다. 여호와의 구원은 긍휼 때문이다. 긍휼이 없이는 구원이 없다. 하나님의 의만 있으면 하나님은 무자비하고 살아남을 자가 없지만 하나님의 긍휼이 있어서 우리가 산다. 예수님께서 세상에 계실 때에 끝까지 포기하지 않고 긍휼을 간구하던 사람들이 긍휼을 얻어 병을 낫게 되었다. 긍휼을 바라고 간절히 사모하면 긍휼의 축복을 받는다. 우리는 누구나 긍휼이 필요한 사람들이기 때문에 긍휼을 간절히 사모해야 하고 우리가 필요하기 때문에 긍휼을 베풀며 살아야 한다. 긍휼을 받아야 참 그리스도인이며 긍휼을 베풀어야 참 그리스도인이다. 간절하게 긍휼을 구하고 베풀줄 아는 그리스도인이 되어야 한다.

3. 여호와를 기다리는 자는 소산의 축복을 받는다.

23절 이하에는 여호와를 기다리는 자의 현실적 복이 열거되어 있다. 땅에 뿌린 종자에 복을 주어 땅 소산의 곡식으로 살찌고 풍성하게 할 것이라고 하였다. 또 가축이 복을 받게 될 것이다. 이러한 복은 하나님의 구원의 양상이다. 하나님은 백성들의 국가적 복 뿐만 아니라 현실의 삶에도 복을 주신다. 우리의 영혼 뿐만 아니라 우리의 육에도 관심을 가지고 복을 주신다. 유전공학이 발달하여 미래사회에는 많은 곡식과 식물이 있을 것이라고 장담하지만 하나님께서 복을 주시지 않으면 이 모든 것이 헛 것이다. 오히려 미래사회는 더 어두운 사회가 될 것이다. 하나님을 기다리며 바라는 자가 소산의 축복을 받게 될 것이다. 하나님은 그의 백성을 회복하실 때에 소산도 함께 회복하신다.
여호와를 기다리며 우리 마음에, 생활에 풍성한 은혜와 긍휼과 소산의 축복 가운데 사는 그리스도인이 되자.

오순절후 스무번째 주일 The Twentieth Sunday of Pentecost

소재 : 진달래(Korean rhododendron)
까치밥(Oriental bittersweet)
국화(Chrysanthemum)
소국(Chrysanthemum)
조화(Imition flower)

10월 다섯째 주

본문: 시 144:12-15, 요일 2:21-23

교독문: 38, 사 42장
찬 송: 55, 30

여호와를 하나님으로 삼는 백성

전직 대통령의 비자금 사건은 우리에게 큰 충격을 주었다. 대통령이 국민의 봉사자이어야지 통치자이기 때문에 그렇게 할 수 있었다. 우리는 국민의 봉사자로서의 대통령을 원한다. 어느 사람도 다른 사람을 지배하는 절대권력자가 되어서는 안된다. 하나님만이 그 일을 하실 수 있고, 하셔야 한다. 여호와를 하나님으로 삼는 백성은 복이 있다. 하나님은 아브라함과 이삭과 야곱에게도 공개하지 않은 자신의 이름을 이스라엘 백성들에게 공개하신다(출 6:3, 8). 복이란 하나님의 절대은총으로 행복이란 것과는 다르다. 축복을 바라는 것은 사람의 기본 욕구인데 여호와를 하나님으로 섬김으로 복을 누리자. 여호와를 하나님으로 삼을 때에 주시는 복은 어떤 것인가?

1 가정적 축복

먼저 성경은 여호와를 하나님으로 섬길 때에 받는 복을 자녀의 복이라고 한다. 12절에서 아들은 장성한 나무 같으며 딸은 아름답게 다듬은 모퉁이 돌 같게 되리라고 한다. 기독교는 가정적 종교인데 하나님을 아버지라고 부르며, 예수님을 신랑이라고 하며, 우리가 하나님의 자녀이며 모두가 형제 자매라고 하며, 교회를 하나님의 집이라고 부른다. 가정에서는 자녀가 잘 될 때에 가장 행복하다. 그러므로 성경은 자녀가 잘 되는 것을 하나님을 믿는 자의 복이라고 한다. 갈수록 자녀교육이 어려워지며 개인주의적으로 가정이 바뀌고 있는 이 때에 하나님을 잘 믿는 가정이 되어서 축복을 받는 가정이 되어야 할 것이다.

2 경제적 축복

13절과 14절은 경제적 축복을 지적한다. 곳간에는 백곡이 가득하게 될 것이고, 우리의 양은 천천만만으로 번성하며 수소는 무겁게 실었다고 하였다. 다른 번역에는 소가 살찌고 낙태하지 않는다고 하였다. 재물이 번성한 것은 축복의 목적이 아니라 축복의 결과이다. 시편 128편의 말씀에는 "여호와를 경외하며 그 도에 행하는 자가 복이 있다"고 하였다. 여호와를 경외하며 받는 복은 손이 수고한대로 받는 복이다. 우리가 경제적으로 그 대가를 받는 것은 큰 축복이다. 재물이란 우리의 가치가 아니라 많은 가치를 위한 하나의 수단일 뿐이다. 우리가 자랑할 것이 아니라 하나님이 주신 선물로 알고 여호와를 하나님으로 섬기는 자에게 주시는 것인 줄 알고 받는 자에게 복이 된다.

3 국가적 축복

14절 하반절에는 "우리를 침노하는 일이나 우리가 나아가 막는 일이 없으며 거리에는 슬피 부르짖음이 없을 것이다"고 하였다. 국가적으로 전쟁이 없이 평안한 것은 하나님의 은총이다. 여호와를 하나님으로 믿을 때에 하나님은 이러한 국가적 평안까지 주신다. 이스라엘은 많은 전쟁을 하였다. 그러나 모든 전쟁은 하나님이 직접 하시는 전쟁이었다. 전쟁은 언제나 고통을 동반한다. 전쟁으로 지금도 시달리는 많은 국민이 우리나라에 있다. 이산가족이 그들이며 고엽제에 시달리는 자들이 그들이다. 여호와를 하나님으로 삼는 자들에게는 침노하는 일이나 막는 일이 없다. 유일하신 여호와를 하나님으로 인정하고 주시는 복을 받고 사는 자들이 되자.

오순절후 스물한번째 주일 The Twenty-First Sunday of

소재 : 사탕수수(Indian millet)
　　　피마자유(Castor oil plant)
　　　해바라기(Sun plower)
　　　거베라(Gerbera daisy)
　　　소국(Chrysanthemum)
　　　연산홍(Rose bay azalea)

11월 첫째 주

본문: 겔 13:17-23, 마 23:13-15

교독문: 39, 사 55장
찬 송: 14, 495

영혼사냥

직권남용이란 그 자체가 죄이며 다른 사람에게 심각한 피해를 주게 된다. 거짓 선지자의 직권남용은 자신 뿐만 아니라 다른 사람들에게 큰 피해를 주었으며 이것을 성경은 영혼의 사냥이라고 한다. 거짓된 묵시나 점복을 가지고 하나님의 백성들의 영혼을 사냥하는 일을 하나님은 묵과하지 않으시고 영혼 사냥을 막으신다. 그들은 거짓 예언의 대가로 돈을 가로채고 백성을 현혹하며 하나님께서는 종래 그들에게 무서운 경고를 내리신다. 성경은 거짓 선지자들이 나오지만 발람은 가장 대표적인 거짓 선지자일 것이다. 육체의 사냥 같으면 덜하겠지만 영혼의 사냥을 당할 수는 없을 것이다.

1 영혼의 사냥이 무엇일까?

사냥이란 총이나 그물 따위로 야생의 짐승을 잡는 일이라고 사전에서는 정의한다. 살아있는 것을 잡는 것을 의미하며 잡히지 않으려고 하는 것을 잡는 것이 사냥이다. 죽은 것이나 이미 잡혀있는 우리 안의 짐승은 사냥의 대상이 아니다. 거짓 예언자들도 살아있는 백성들, 아직 잡히지 않은 백성을 잡으려고 안간힘을 쓰고 있다. 그들은 거짓 예언, 거짓말, 허탄한 묵시, 점복을 가지고 백성의 영혼을 사로잡고 죽이는 것이다. 우리 사회에도 많은 점쟁이, 무당들이 있어서 사람들의 영혼을 흐리게 하고 영혼을 사냥하는 것이다.

2 영혼 사냥은 계속된다.

세상을 사는 동안 영혼의 사냥은 계속된다. 거짓 여선지자는 방석을 모든 팔뚝에 꿰어매고 수건을 머리에 쓰고 무녀의 몸치장을 한다. 그들은 위임된 하나님의 말씀이 없기 때문에 마술적인 방법으로 사람들을 현혹하고 헛된 묵시를 참된 것으로 말하며 몸치장으로 사람을 끈다. 그리고 두어 웅큼의 보리와 두어 조각의 떡을 위하여 영혼 사냥을 계속한다. 자신의 재물을 위하여 하나님의 이름을 욕되게 하고 하나님의 백성의 영혼을 죽게 하고 사냥한다. 이러한 거짓 선지자는 하나님의 백성의 영혼을 사냥하면서 자신의 영혼도 살지 못한다. 악한 마귀의 영혼사냥은 우리가 살아있는 동안에 계속된다. 살았기에 죽이려하고 자유롭기에 사냥하려고 하는 것이다.

3 하나님은 영혼사냥을 막으신다.

하나님은 거짓 선지자들의 백성에 대한 영혼 사냥을 막으신다. 왜냐하면 하나님의 사람이기 때문이며 영혼은 하나님의 지으신 하나님의 것이기 때문이다. 하나님이 지으신 영혼을 누구에게도 사냥 당하는 것을 하나님은 원치 않으신다. 그래서 사냥군의 올무에서 새같은 우리를 놓아주시고, 무녀의 치장을 벗겨버리신다. 다시는 무속행위를 못하게 근절하시는 것은 하나님을 여호와인 줄 알게 하시기 위함이다. 세상의 어떤 것도 하나님을 대신하여 복을 주거나 하나님의 이름을 대신할 수 없다. 하나님은 무녀들이나 귀신이 주지 못하는 것을 주실 수 있고 주시려고 우리를 놓아주신다.

작은 이익에 눈이 어두워지면 거짓된 일을 서슴없이 하게 된다. 하나님의 이름을 도용하는 어리석은 일을 하지 말고 영혼을 사냥당하지 않게 잘 보존하자.

오순절후 스물두번째 주일 The Twenty-Second Sunday of

소재 : 화초도마도(Chinese scarlet egg plant)
　　　수수(Indian millet)
　　　천리향(Winter daphne)
　　　목향나무(Ternstronia japonica thunb)
　　　조(German millet)
　　　거베라(Gerbera daisy)
　　　잎새란(New Zealand flax)

11월 둘째 주

본문: 시 128:5-6, 마 13:1-9

교독문: 40, 사 58장
찬 송: 23, 260

기쁨으로 거두리로다

시편 128편은 성전에 올라가는 노래이다. 성전에 올라가는 하나님의 사람의 감사가 찬송으로 기록된다. 특히 귀환민의 고통과 기쁨이 섞인 쓰고도 감미로운 시인 것이다. 하나님의 이치는 눈물로 뿌리고 기쁨으로 거두는 것이다. 이것이 하나님의 나라의 모습이며 우리에게 은총이다. 어떤이는 기쁨으로 뿌리고 눈물로 거둔다. 뿌릴 때에 수고하지 않았기 때문에 국민들 앞에 눈물을 보여야 하는 눈물의 수확은 저주이다. 이스라엘은 가나안이란 약속의 땅에 들어갔지만 그들이 그 땅을 차지하기 위하여는 싸워야 했고 씨를 뿌리고 경작하는 수고를 해야 했다. 어떻게 하면 기쁨으로 거둘까?

1. 좋은 씨를 뿌려야 기쁨으로 거둔다.

씨를 뿌리는 수고를 해야 거두는 기쁨이 있다. 뿌리지 않고는 거두기를 기대하지 못한다. 성경은 "네가 네 손이 수고한대로 먹으리라"고 했다. 손이 수고해야 먹으며 수고한대로 먹을 수 있는 것도 은혜이다. 성경은 가라지의 비유(마 13)에서 예수님을 좋은 씨를 뿌리는 분으로 비유하였다. 예수님이 좋은 씨를 뿌리시니 우리도 좋은 씨를 뿌려야 한다. 사람들은 자기의 육체를 위하여 심는 자는 육체로부터 썩어질 것을 거두고 성령을 위하여 심는 자는 성령으로부터 영생을 거둔다(갈 6:8). 성령의 씨를 뿌려야 기쁨으로 거둘 수 있다. 영생을 거두는 좋은 씨를 많이 뿌려야 영생의 면류관을 거둔다.

2. 눈물을 흘리며 뿌리는 자가 기쁨으로 거둔다.

눈물의 수고가 기쁨의 결과를 가지고 온다. 바벨론에서 돌아온 이스라엘은 눈물의 씨를 뿌린다. 그 눈물의 씨가 그들에게 기쁨의 수확을 주었다. 지금도 눈물로 뿌리는 자가 기쁨의 단을 거둘 수 있다. 얼마 전 벼의 수확기를 앞두고 밭의 벼를 베어간 도둑이 있었다. 이런 사람들은 눈물로 뿌리지 않았기 때문에 기쁨의 수확이 아닐 것이고 지금도 불안한 눈물의 저주가 될 것이다. 여름 내내 수고하고 땀 흘린 수확이 기쁨이고 보람인 것이다. 눈물은 생명이다. 예수님은 땀이 흘러 피가 되었다고 했는데 우리의 눈물 속에는 생명이 있다. 기쁨으로 거두려는 농부의 눈물은 생명을 건 수고요 고통을 감수한 희생이다. 눈물 흘리기를 즐겨하고 고통을 피하지 말아야 기쁨의 추수가 있다.

3. 옥토에 뿌려야 기쁨으로 거둔다.

사람은 누구나 뿌리는 자이다. 그러나 모든 사람이 다 기쁨으로 거두는 것은 아니다. 어떤이는 길가에, 돌짝밭에, 가시덤불 속에 뿌린다. 이런 자들은 기쁨의 추수를 기대하지 못한다. 우리는 눈물로 뿌리되 옥토에 뿌려야 한다. 안될 일만 골라 하는 사람들은 기쁨의 결과를 기대하지 못한다. 부지런하기만 하고 규모가 없으면 기쁨의 결과를 얻지 못한다. 이런 사람은 옥토만 빼놓고 씨를 뿌리는 사람과 같다. 성경은 "모든 물가에 씨를 뿌리고 소와 나귀를 그리로 인도하는 너희에게는 복이 있느니라(사 32:20)"라고 하였다. 물가에 씨를 뿌리는 자가 복이 있는 자이다. 수확의 계절에 추곡만 풍년이 아니라, 우리의 인생이 풍년이 되도록 눈물로 뿌리고 기쁨으로 거두는 자들이 되자.

오순절후 스물세번째 주일 The Twenty-Third Sunday of

소재 : 감나무(Persimmon)
　　　연산홍(Rose bay azalea)
　　　치자나무(Gardenia)
　　　국화(Chrysanthemum)
　　　조(German millet)

11월 셋째 주

본문: 대상 16:25-36, 골 2:6-7

교독문: 64, 감사절(1)
찬 송: 310, 308

여호와께 감사하라

톨스토이의 단편 "사람은 무엇으로 사는가?"에는 세가지 질문이 나타난다. "사람의 가슴 속에는 무엇이 있는가?" "사람에게 베풀어있지 않은 것은 무엇인가?" 그리고 "사람은 무엇으로 사는가?"이다. 이 모든 문제는 감사하게 될 때에 모두 해결될 수 있다. 감사란 인간의 문제를 해결하는 비법이다. 감사할 때에 인간의 가슴에는 사랑이 있고, 현실에 만족하고, 이웃에게 사랑을 나누며 살 수가 있게 된다. 구약과 신약에 나타난 감사한 찬송과 은혜가 포함된 의미를 가진다. 이스라엘은 빼앗긴 법궤가 다시 예루살렘으로 돌아올 때 찬양하며 춤추며 환영하였고 감사가 끊이지 않았다. 이스라엘의 감사를 보며 우리의 감사를 확인하자.

1. 감사는 하나님께 대한 인간의 기본 자세이다

본문에는 "여호와께 감사하라"고 한다. 이 말은 두가지 중요한 내용을 포함하고 있다. 첫째는 감사의 대상이 여호와 하나님이시란 것이고, 둘째는 감사하라는 명령은 감사가 인간의 하나님께 대한 기본 자세라는 것이다. 시편에는 감사의 시가 있다. "여호와께 감사하라"는 감사의 시는 하나님의 인자하심이 영원하심을 찬양하는 시이다. 하나님을 알아야 감사가 있다. 감사의 대상을 알지 못하면 감사하지 못하고 감사의 대상을 잘못 알고 감사하면 더 큰 실계가 된다. 하나님은 에벤에셀의 하나님이시고, 여호와 이레의 하나님이시다. 이스라엘에 대한 하나님의 일은 감사의 대상이었고 지금도 그 하나님은 우리의 감사의 대상이다.

2. 감사는 무시간적이다.

감사하는 자들은 날마다 감사하라고 하신다. 감사의 시간은 없다. 언제나 감사해야 하고 무엇에나 감사해야 한다. 하나님을 우리의 머리에 맞추면 감사하지 못하지만 우리를 하나님의 섭리에 맞추면 감사하게 된다. 우리가 기도한 것이 이루어지면 감사하고 이루어지지 않으면 감사하지 않는데 이것은 잘못이다. 우리가 기도한 것이 이루어지지 않은 것보다 우리가 기도하지 않았지만 이루어진 것이 훨씬 많이 때문이다. 욥은 재물이 많고 형통할 때가 아니라 다 잃고 고통을 당할 때에도 하나님께 감사하였다. 바울은 예수님 때문에 매를 맞고 옥에 갇혀있을 때에 감사의 찬송을 하였다. 그래서 바울은 "범사에 감사하라"고 하신다. 하나님편에서 우리의 일을 보면 감사뿐이고, 우리의 편에서 하나님의 일을 보면 원망뿐이다. 하나님 편의 생각은 날마나 감사를 하게 된다.

3. 감사하는 자는 합당한 예물을 드린다.

성경은 하나님께 나아올 때에 예물을 가지고 들어가라고 한다. 감사의 예는 하나님께 예물을 드리는 것이다. 하나님께서는 빈손을 내게 보이지 말라(출 23:15)고 하신다. 하나님께 드리는 것은 당연한 것이다. 사람은 받을 때보다 줄 때에 보람을 느끼게 되어 있다. 어린이 같은 믿음은 하나님께 받을 때에 감사하고, 성숙한 믿음은 하나님께 드릴 때 감사하게 되는 것이다. 참 감사는 받을 때가 아니라 드릴 때의 감사이다. 구약의 감사절 규례를 설명한 신명기 16장에서도 "여호와의 주신 복을 따라 그 힘대로 물건을 드릴지니라"고 하였다. 감사절의 풍습은 각양이지만 지금도 이스라엘의 감사절은 반드시 예물을 드리는 것이다. 우리의 감사가 하루의 일회성 감사가 아니라 매일의 감사가 되고 찬양과 은혜의 날들이 되어야 할 것이다.

오순절후 스물네번째 주일 The Twenty-Fourth Sunday of

소재 : 감나무(Persimmon)
  비라칸사스(Narrowleaf Firethorn)
  섬느티나무(Zelkova tree)
  진달래나무(Korean rhododendron)
  국화(Chrysanthemum)
  색양배추(Flowring kale)
  호박(Pumpkin squash)

11월 넷째 주

본문 : 렘 4:3-4, 살전 5:19-22

교독문 : 41, 사 65
찬 송 : 27, 336

마음가죽을 베라

기독교에 대한 유교적 영향은 머리로만 믿고 행동이 따르지 않는 것이다. 마음과 행동의 이원적 사고 가운데 마음이 행동과 먼 것을 볼 수 있다. 이러한 영향이 기독교의 미성숙을 의미하게 된다. 예수님은 마음을 강조하셨다. 그냥 가난한 자가 아니라 마음이 가난한 자가 복이 있다고 하셨고 마음으로 음욕을 품으면 이미 간음하였다고 하였고 마음을 위해서라면 눈도 빼어버리고 손도 찍어 버리라고 하셨다. 불교에서의 삭발은 인간의 세속적 번뇌를 끊어버리는 의식인데 기독교의 마음가죽을 베는 것은 그런 것은 아니다. 여호와가 아닌 자아를 철저하게 배격하고 의문이나 명문이 아닌 진정한 그리스도의 삶을 추구하는 것이다.

1. 마음의 가죽이 덮힌 상태로 사는 사람이 많이 있다.

"너희는 스스로 할례를 행하라"고 성경은 가르친다. 이 말은 "너희는 스스로 여호와께 할례를 행하라"는 의미이다. 모든 유대인이 할례를 받으나 모두가 여호와께 받은 것이 아니다. 육체의 할례는 받고도 마음이 이방인인 경우가 허다하다. 마음의 가죽이 덮힌 상태는 양심의 화인을 맞은 상태이다. 분명히 사람인데 사람이 아닌 상태이며 잘못을 저지르고도 부끄러워할 줄 모르는 상태이다. 그래서 이런 사람을 일컬어 '인면수심'이라고 하는 것이다. 요즘 아이들은 마스크를 쓰고 모자를 눌러 쓰고 눈만 보이게 하고 다닌다. 우리는 모든 것을 다 베고, 드러내고, 벗게 될 때에 자유를 누릴 줄 알아야 한다. 의문의 그리스도인은 이름만 가진 경우이다. 사회를 변화시키지 못하는 그리스도인은 그리스도인이 아니다.

2. 마음의 가죽을 베야 한다.

유대인의 할례는 외형적으로 양피를 베어내는 것 뿐만 아니라 마음의 양피를 베어야 한다. 마음의 할례는 새롭게 태어나는 것이다. 굳어진 마음의 가죽을 베고 새로운 생각으로 가득차게 하는 것이다. 가시덤불에 떨어진 씨도 싹이 나고, 돌짝밭에 떨어진 씨도 싹이 나지만 굳어진 길가에 난 씨는 아예 싹이 나지 않는다. 밭은 우리의 마음이다. 그러므로 굳어진 마음의 가죽은 과감하게 베어내야 한다. 하나님은 "스스로 할례를 행하라"고 하신다. 할례는 우리의 몫이다. 하나님은 할례를 행하지 않는다. 예수님이 나사로를 살리실 때에 이웃에게 돌을 굴려 놓으라고 하신다. 나사로가 살기 위해서는 이웃의 도움이 필요한 것이다. 우리도 마음가죽을 베기 위해서는 우리의 몫이지만 우리의 이웃을 위해 도와줘야 한다. 이것이 교제이며 중보 기도이다.

3. 결과적으로 여호와께 속한 자가 되어야 한다.

성경은 마음의 가죽을 베고 여호와께 속하라고 한다. 마음의 가죽은 장벽이다. 마음의 가죽은 하나님과 우리 사이를 가로막는 장애이다. 장애물을 제거하면 여호와께 속할 수 있다. 마음의 가죽을 가진채로 살면 마귀에게 속한 자이고, 마음의 가죽을 베고 난 후에는 여호와께 속한 자가 된다. 신명기 30:6에는 마음에 할례를 베풀면 마음을 다하며 성품을 다하여 하나님 여호와를 사랑하고 경배하게 하신다. 우리의 피부가 상처를 받으면 속에서 어린이 같은 새살이 돋아나듯이 마음의 가죽을 베어내면 우선은 아프지만 새사람이 되는 것이다. 우리의 구습, 명예, 정욕, 교만, 우상 등 마음의 가죽을 베고 여호와께 속한 새사람이 되자.

오순절후 스물다섯번째 주일 The Twenty-Fifth Sunday of

소재 : 국화(소국)(Chrysanthemum "Toon Hermans")
칼라(Calla lily)

I. 교회력 개관

1. 교회력과 예전

(1) 교회 유산으로서 교회력

교회의 유산인 교회력은 그리스도인들의 신앙 생활의 훈련을 위해 고안된 것이다. 매년 1년 주기로 상반기 동안은 예수 그리스도의 생애와 죽음 그리고 부활 승천을 되새기며 그 의미를 추구하도록 준비되었다. 후반기에는 예수그리스도의 제자로서 교회의 역할을 확인하여 행동하는 그리스도인으로서 훈련하도록 기회글 제공하고 있다. 그러므로 교회력이란 단순히 종교의 습관을 반복하는 것이 아니라 생활 속에서 그리스도계서 이루어 놓으신 새 계약을 생활화하도록 인도하는 통로가 된다.

2 교회력에 따른 예전(Liturgy)의 색깔

구약 때부터 교회의 의식에는 언제나 특유한 색깔을 사용하여 거기에 내포된 의미를 부여하고 있다. 특별히 레위기에 제시된 하나님을 위한 제단 앞에는 여러 색깔이 명령대로 있었다. 기독교가 로마의 국교가 되고 동서방 교회로 분열된 후에도 이 예저의 색깔은 변함없이 그 엄숙성을 지니고 있었다.

그러나 개혁교회는 의식의 분위기를 더욱 조장시키는 예저의 색깔에 관하여 전면 부정을 하고 검정 가운 하나만으로 집례자의 사제적 위치를 인정해 주었다. 그러나 1855년 미국의 찰스 배어드(Charles Baird)와 같은 개혁자들의 주장과 함께 예전이 가진 기초적인 색깔들을 사용하기 시작했다. 이러한 예배의 시각적 요소를 되찾게 하였다.

우리들은 이러한 색깔을 통하여 예수 그리스도의 생애와 우리의 마음가짐을 인식할 수 있게 된다. 이를 위하여 교회력 색깔이든 제단보를 월력에 제시된 색깔에 따 선교대(Pulpit)와 교독대(Lectern), 그리고 제단(Altar)에 드리우고 목사 가운 위에 드림천(Stole)으로 드리우면 된다. 그리고 교호력과 그 색깔의 의미를 주보에 설명하고 예배를 통하여 주지시키는 일이 필요하다.

다음은 예전에 사용된 예전 색깔(Liturgical Color)의 의미를 밝힌 것들이다.

(1) 색깔의 정착

12세기에 와서 비로소 색깔의 의미와 절기적 축제와 교회력의 축제와 성자에 관한 숭배 등을 교회력에 관련시키게 되었다. 점차적으로 색깔에 대한 기반을 확립하게 되었는데 중세서방교회 교황 인노센트 3세(Innocent Ⅲ :1198~1216)는 로마의 규약을 처음으로 다음과 같이 정하였다.

대림절에서 성탄 전야 - 보라, 청색, 검정
성탄절에서 주현절 - 백색, 황금색
주현철후 주일 - 초록
부활절 - 백색, 황금색
성령강림절 - 적색
삼위일체 - 백색, 황금색
삼위일체주일후 - 초록
순교 기념일 - 적색
성자 기념일 - 백색, 황색
세례 견실례 - 백색, 적색
안수, 결혼 - 백색
장례 - 보라, 청색, 검정색
교회의 헌신 - 백색

교회력과 색깔을 연련해서 정리하면 다음과 같다.

① 대림절(Advent)-(크리스마스 전 4주-크리스마스 이브)
　그리스도의 오심의 준비(보라색)
② 성탄절(Christmas)-(크리스마스-1월 5일)
　예수 그리스도의 단새의 축하(백색)
③ 주현절(Epiphany)-(1월 6일-성회수요일 이브)
　첫번 이방인 방문 기념(백색)
　(성회 수용일:Ash Wendesday-사순절의 첫날)
　(동방박사)
④ 사순절(Lent)-(성회수요일-부활절 이브)
　부활절을 위한 회개 기도(보라색)
　(부활절 전 40일전부터 부활절 이브) 준비적 훈련
⑤ 부활절(Easter)-(부활주일-성령강림절 이브)
　부활의 주님안에서의 기쁨(백색)
⑥ 성령강림절(Pentecost)-(성령강림절-9월 말주)
　성령의 은사와 교회 시작 기념(적색)
⑦ 왕국절(Kingdom)-(10월 첫주-대림절까지)
　그리스도의 사회적 책임 강요-(녹색)(11월말주)
　교회력의 색깔은 주로 제복을 장식할 때 사용하였고
　드림천(Stole)이나 장식피대(Orphrey), 의복(Appared),
　완장(Maniple) 등에 사용하였다.

(2) 성서로 본 색의 의미
- ◆ 흰색(White)-성결(Purity) : 완전한 승리, 기쁨을 상징한다.
  예수님의 생애에서 예수님의 수난일을 제외하고 주요절기를 나타내는 색이다.
  ① 그리스도의 축제와 연관된 색으로서 기쁨 및 즐거움을 의미한다. (성탄절)
  ② 주의 만찬의 시작에 대한 기쁨을 암시한다. (성목요일)
  ③ 연중 최상의 거룩한 날로 지키는 풍요함을 주는 날이기도 하다. (부활절과 부활주일후)
  ④ 예수 그리스도를 통하여 하나님의 사랑을 완성시킨 것을 의미한다.
- ※ 붉은색(Red)-보혈(Blood) : 성령, 순교, 열심, 사역, 하나님의 사랑을 상징한다.
  ① 그리스도의 보혈은 상징하는 희생과 수난의 표이며 한편 승리의 색이기도 한다. (수난주일)
  ② 성령의 불을 상징한다. (성령강림절)
  ③ 하나님의 자녀들의 희생적인 생활할을 의미하며 교회의 순교의 피를 상징한다.
- ※ 보라색(Purple)-위엄(Dignity) : 참회를 상징한다.
  ① 오시는 왕을 위한 임금의 위엄과 존엄성을 암시한다. (대림절)
  ② 엄숙성을 암시하면서 청결과 영적 씻음을 암시한다.
  ③ 죄로 인하여 죽을 수 밖에 없는 인간들에게 회개할 수 있는 기회를 부여해 줌을 의미한다.
- ※ 초록색(Green)-성장(Growth) : 세계선교, 소망, 중생, 양육, 성장을 상징한다.
  ① 영원성 그리고 크리스챤들의 신앙의 영원불멸(Penance), 종교적 소망(Religious Hope)의 신선함을 의미한다.
  ② 영적인 성장과 희망, 성결, 생명을 의미한다. (삼위일체주일 후-강림절까지)
  ③ 영원을 향한 성장으로서 결혼식에도 사용된다.
- ※ 흑색(Black)-슬픔을 상징한다. (수난일)
- ※ 무지개색(Rainbow)-약속을 의미한다. (창9 : 12~17)
- ※ 황금색(Gold)-불변을 의미한다. (계1 : 13)
- ※ 새 예루살렘의 색깔
  백옥(다이아몬드)
  옥수(하늘색)
  호마옥(분홍색)
  담황옥(엷은 녹색)
  청홍(붉은 주황색)
  홍보석(붉은색)
  벽옥-존귀, 견고
  유리-순결성
  12보석-존귀를 상징
  진주-완전성(천국의 진리)
  남보석(청옥색)
  녹보석(녹색)
  녹옥(청녹색)
  비취옥(자주색)
  자정(보라색)
  황옥(금색)

교회력과 색깔을 연결해서 정리하면 다음과 같다.
1. 대림절(Advent)-(크리스마스 전 4주-크리스마스 이부)
   그리스도의 오심의 준비)
2. 성탄절(christmas)-(크리스마스~1월 5일)
   예수 그리스도의 탄생의 축하(백색)(부라색)
3. 현현절(Epiphany)-(1월 6일~성회수요일 이브)
   첫번 이방인 방문 기념(백색)
   (성회수요일 : Ash Wednesday-사순절의 첫날)
   (동방박사)
4. 사순절(Lent)-(성회수요일-부활절 이브)
   부활절을 위한 회개 기도(보라색)
   (부활절 전 40일부터 부활절 이브)준비적 훈련
5. 부활절(Easter)- (부활주일~오순절 이브)
   부활의 주님 안에서 기쁨)백색
6. 오순절(Pentecost)-(오순절~9월말 주)
   성령의 은사와 교회 시작 개념(적색)
7. 왕국절(King dom)-(10월 첫주~대강절까지)
   그리스도의 사회적 책딤 강요 (녹색)(11월말 주)
   교회력의 색깔은 주로 제복을 장식할 때 사용하였고
   드림천(Stole)이나 장식피대(Orphrey),
   의복(Apparel), 완장(Maniple) 등에 사용하였다.

■ 약 력

- 1982 송백회 창립
- 1983 한국 기독교 꽃꽂이 선교회 3대 회장 역임
- 1983 한일 친선문화협회 주최 한일 꽃꽂이 교류 및 시찰
- 1984 서울시 주최 꽃꽂이 작가 초대전 출품
- 1984 한국 기독교 꽃꽂이 선교회 4대 회장 역임
- 1984 한국 기독교 꽃꽂이 선교회 제1회 전시회 개최(한국교회 100주년 기념회관)
- 1984 교회 절기꽃꽂이 강의(현재)
- 1985 기독교 방송 교회절기 꽃꽂이 강의 방송(5년)
- 1986 한일 친선 문화 협회 서울시 조합회 꽃꽂이 분화위원
- 1986 제6회 한국 꽃예술 작가 협회전 출품
- 1986 한국 꽃예술 작가 협회 교육위원
- 1988 한국 기독교 꽃꽂이 선교회 이사
- 1988 제3회 한국 기독교 꽃꽂이 선교회전 출품
- 1990 한국 꽃예술 작가 협회 이사
- 1990 한국 문화예술 진흥원 문화부 주최 꽃꽂이 작가 초대전 출품
- 1990 제4회 한국 기독교 꽃꽂이 선교회전 출품
- 1991 한국 꽃예술 작가협회 편집위원
- 1991 제8회 한국 꽃예술 작가 협회전 출품
- 1992 제5회 한국 기독교 꽃꽂이 선교회전 출품
- 1992 교회 절기 꽃꽂이 작품집 발간
- 1992 제1회 송백 꽃꽂이 전시회 개최(창세기에서 요한계시물까지)
- 1993 제9회 한국 꽃예술 작가협회전(대전EXPO)출품
- 1994 한국 꽃예술작가협회 부이사장 역임
- 1994 연동교회 100주년 기념 꽃꽂이 전시회 개최
- 1994 제2회 송백 꽃꽂이 전시회 개최(52주 성진꽃꽂이)
- 1995 제10회 한국 꽃예술작가협회전 출품
- 1995 교회 절기 꽃꽂이 제2권 발간
- 1995 교회 절기 꽃꽂이 공개강좌 개최
- 1996 KOEX 꽃박람회 작품전 출품
- 1996 교회절기 꽃꽂이 제3권 발간

교회 절기 꽃꽂이
특집 / 예배와 설교

2017년 5월 1일 초판 2쇄 발행

지 은 이 | 송백 허문정

펴 낸 이 | 황성연

펴 낸 곳 | 글샘출판사

촬　　영 | 서울스튜디오 · 박영호

주　　소 | 서울특별시 중랑구 상봉동 136-1 성신빌딩

등록번호 | 제 8-0856

총　　판 | 하늘물류센타

전　　화 | 031-947-7777

팩　　스 | 0505-365-0691

I S B N | 978-89-91358-52-2

Copyright ⓒ 2017, 허문정

이 책의 내용의 일부 또는 전부를 사용하려면
반드시 저작권자와 글샘출판사의 서면 동의를 받아야 합니다.
정가는 뒷표지에 있습니다.
잘못 되거나 파손된 책은 구입한 서점에서 교환해 드립니다.